Martina Hill studierte Schauspiel in Berlin. Bekannt wurde sie durch die Comedyserie *Switch reloaded*. Aktuell ist sie in der *heute-show* und in ihrer eigenen Sketch-Comedy *Knallerfrauen* zu sehen. Hill wurde mehrfach mit dem Deutschen Comedypreis und dem Deutschen Fernsehpreis ausgezeichnet.

Marco Musienko ist als Fernsehregisseur für zahlreiche Comedyformate verantwortlich. Unter seiner Regie entstanden die ersten vier Staffeln *Switch reloaded* und die Sketch-Comedy *Knallerfrauen*. Er wurde ebenfalls mehrfach mit dem Deutschen Comedypreis und dem Deutschen Fernsehpreis ausgezeichnet.

Martina Hill
und Marco Musienko

Was mach ich hier eigentlich?

So 'ne Art Chinareiseroadmoviebildertagebuch

Rowohlt Taschenbuch Verlag

Originalausgabe
Veröffentlicht im Rowohlt Taschenbuch Verlag,
Reinbek bei Hamburg, Juni 2015
Copyright © 2015 by Rowohlt Verlag GmbH,
Reinbek bei Hamburg
Umschlaggestaltung ZERO Werbeagentur, München
Umschlagabbildungen Stephan Pick
Innengestaltung Daniel Sauthoff
Satz Dante MT PostScript (InDesign)
Druck und Bindung GGP Media GmbH, Pößneck, Germany
ISBN 978 3 499 63073 6

Inhalt

Was mach ich hier eigentlich?

So 'ne Art Vorwort. 7   Jetzt das eigentliche Vorwort. 8   Ich erwache im Nirwana. 11   Ich zieh Flappe. 24   Und was ist das für ein seltsames Geräusch? 30   Ich sag hallo, denn hier kommt unser Inge! 34   Was? Machen? Wo? Hier? Wieso eigentlich immer ich? 44   Im Nirwana? 45   Ich sag's durch die Blume. 51   Fitting mit Anfassen. 59   Ich revolutioniere die Tourismusbranche. 61   Ich mach Bubu, was machst du? 63   Gute Frage. Nächste Frage. 66   Ich grün so grün. 71   *Uou chijenn tsä tschinn tsä u fä schio schi sche tschiä ne!* 87   Erst mal Mittag! 91   Ich wage einen Blick in die Zukunft. 96   'ne Runde Kuscheln. 103   So 'ne Art Dirty Dancing. 111   Ich hab 'n Gig. 115   Ich will heut was Verbotenes tun. 124   Die Löffelchen-Stäbchen-Technik. 145   Endlich was Verbotenes. 151   Kaffeeklatsch mit Goethe. 177   Heute erobere ich die Chinesische Mauer. 186   Mich schweren Herzens auf den Rückweg. 201   So 'ne Art Abspann. 205   Bildnachweis. 208

Was mach ich hier eigentlich?
So 'ne Art Vorwort.

Die folgenden Geschichten und Ereignisse geschehen und ereignen sich zum größten Teil in der Hauptstadt der Volksrepublik China 北京, in Beijing – oder wie der Kölner sagt: «Peking».

Alle Informationen in diesem Buch entstammen – wie ich finde – sorgfältigster Recherche nach Google, Wikipedia, anderem Internet, dem Hörensagen und dem Prospekt eines Chinarestaurants, den ich kürzlich im Briefkasten hatte. Dann hab ich einige Informationen auch aus Reiseführern und dem, was ich so vor Ort aufgeschnappt und erlebt habe.

Manches habe ich allerdings auch geträumt, und bei manchem bin ich mir nicht ganz sicher, ob ich es nicht vielleicht auch nur geträumt habe.

Was mach ich hier eigentlich?
Jetzt das eigentliche Vorwort.

Sagen Sie, kennen Sie das nicht auch, wenn man manchmal im Leben an so 'n Punkt kommt, an dem man kurz innehält, sich umguckt und sich einfach nur fragt:

«Was mach ich hier eigentlich?»

Jedenfalls ging's mir erst letztens wieder so. Da stand ich gerade nachts um kurz vor eins mit einer Strumpfhose überm Kopf mitten in Peking und war kurz davor, einen Getränkeladen zu überfallen. Und da ... da kam mir plötzlich wie aus dem Nichts diese Frage in den Sinn: Was mach ich hier eigentlich?

Dabei fing alles ganz harmlos an ...

Was mach ich hier eigentlich?
Ich erwache im Nirwana.

Ich bin gerade aufgewacht. Mein Mund ist ganz trocken, und meine Augen brennen. Wo bin ich?

Ich schaue an mir herunter. Ich liege in zerwühlten Laken mit dem Kopf am Fußende eines Hotelbetts irgendwo in Peking. Ich versuche aufzustehen, aber eine unsichtbare chinesische Kraft zieht mich immer wieder magisch in die Matratze zurück ...

Heute Nacht habe ich im Traum Kurt Cobain, dem Sänger von Nirvana, das Leben gerettet. Wie genau, weiß ich nicht mehr, aber ich konnte ihn irgendwie davon überzeugen, dass «sich mit der Schrotflinte das Gesicht wegwämmsen» langfristig gesehen kosmetisch keine besonders gute Lösung sei – und er habe doch so 'n hübsches. Hat er dann auch gleich eingesehen und es bleibenlassen. Jetzt vermietet er Strandkörbe auf Norderney. Er ernährt sich seit neuestem «vegan for fun» nach Attila Hildmann und hat das Duckface-Selfie für sich entdeckt.

Gott, bin ich müde. Kein Wunder, es ist ja auch erst vier Uhr nachts. Also in Köln. Hier in Peking is schon elf Uhr vormittags.

An den Rest des Traums erinnere ich mich nicht mehr. Nur noch an das Ende. Wir standen am Strand, und Kurt hat sich mehrfach recht herzlich bei mir bedankt und fröhlich kopfschüttelnd abgewinkt, das mit der Flinte sei aber auch 'ne Schnapsidee gewesen, die er nachher sicherlich bereut hätte. Freudestrahlend drückt er mir zum Abschied noch seine aktuelle Lieblings-CD in die Hand. Ich schaue auf das Cover.

Es ist *Farbenspiel* von Helene Fischer. Als ich wieder aufschaue, ist er bereits dabei, den nächsten Strandkorb zu entsanden. Dabei pfeift er «Atemlos».

Komischer Traum. Jetzt hab ich 'n Ohrwurm.

Was mach ich hier eigentlich? In China?

Buddeln, bis der Chinese kommt.

Das Erste, was ich in meinem Leben über China und seine Bewohner wusste, habe ich im Kindergarten gelernt. Seitdem weiß ich, dass der Chinese an sich sehr musikalisch ist, außerordentlich kommunikativ und sehr gerne mit einem Streichinstrument – bevorzugt einem Kontrabass – auf der Straße sitzt, um sich was zu erzählen. Am liebsten zu dritt. Und zwar so lange, bis die Polizei kommt. Die allerdings nicht wirklich etwas unternimmt, sondern lediglich fragt, was das denn sei. Um sich dann mit der lapidaren Antwort – «Na, drei Chinesen mit dem Kontrabass, du Eumel» – recht schnell zufriedenzugeben.

Ähnlich verhält es sich übrigens auch mit den Chunusen, die allerdings mit einem Kuntrubuss uf dur Strußu sutzun. Ich hab das damals nicht hinterfragt.

Aber fleißig, wie ich war, hab ich sorgfältig mitgeschrieben. Beziehungsweise mitgemalt, schreiben konnt ich ja im Kindergarten noch nicht. Das sind meine Aufzeichnungen von damals:

Hier kann man sehr schön den überforderten Polizisten erkennen, wie er der Situation ratlos gegenübersteht. Leider hatte ich mit fünf Jahren noch keine rechte Ahnung von Perspektive und hab den Polizeiwagen dummerweise VOR die Chinesencombo gemalt.

Ganz nebenbei hab ich auf dem Bild auch noch Batman erfunden (rechts unten).

Ich hab sowieso viel gemalt damals. Das nächste Bild zum Beispiel trägt den Titel «Beim Bäcker».

Wie gesagt, Perspektive war noch nicht so mein Thema. Dass es sich hierbei um ein Brot und einen Tisch beim Bäcker handelt, kann selbst ich heute nur dank meiner Kindergärtnerin Frau Schnelle erkennen, die sich am 18.4.1980 erbarmt hat, meine Interpretation schriftlich festzuhalten. Was die anderen Kinder zu dem Thema «Beim Bäcker» gemalt haben, weiß ich nicht mehr. Wahrscheinlich einen Bäcker. Aber ich habe damals schon weiter- – und vor allem ökonomisch – gedacht. Dieses Bild lässt sich nämlich auch prima für viele verschiedene Anlässe verwenden, wie zum Beispiel «Beim Frühstück», «Beim Abendessen», «Beim Geburtstag», «Beim Besuch von Tante Erna» – halt überall da, wo Brot auf den Tisch kommt.

Zurück zum Thema. Wie gesagt, die Geschichte mit den drei Chinesen war so ziemlich das Einzige, was ich lange Zeit über China wusste.

Als Kind hab ich auch gedacht, dass, wenn man ein Loch durch die Erde buddelt, dass man dann in China wieder rauskommt. Leider konnte ich diese Theorie nie endgültig überprüfen, dafür war die Sandkastenpause immer zu kurz.

Als Kind dachte ich, dass, wenn man ein Loch durch die Erde buddelt, man in China wieder rauskommt. Ich hatte mir schon das perfekte Equipment zugelegt. Mit dem Proviant war ich allerdings etwas optimistisch.

Jetzt liege ich hier, 35 Jahre später, quasi am anderen Ende des Tunnels – hätten die mich damals mal in Ruhe zu Ende buddeln lassen. Aber wie bin ich nur hier hingekommen?

Alles begann mit einer E-Mail aus Peking. Darin wurde ich von einer chinesischen Produktionsfirma eingeladen, bei einer Comedysendung als Gast mitzuspielen.

Wie jetzt?

Ich?

In China?

Watt?

Bzw.:

什麼？

Wie kommen die denn auf mich?

Das kam so:

Eines Tages war ich in Köln unterwegs zu einer großen mintfarbenen Drogeriekette – die Augencreme war alle. Und wie ich da so zielstrebig und angefaltet in der Einkaufsstraße meinen Anti-Aging-Produkten entgegensteuerte, wurde ich von einer Gruppe junger chinesischer Touristen angesprochen. Ich konnte nicht alles verstehen, aber offensichtlich wollten sie unbedingt, dass ich ein Foto von ihnen mache.

«Ja klar, kein Problem, die Falten können warten.» Doch anscheinend hatte ich da irgendetwas falsch verstanden – denn sie wollten mir die Kamera partout nicht geben.

«Die sind aber misstrauisch, so gefährlich sehe ich doch gar nicht aus», dachte ich so bei mir. Bis ich dann begriffen hatte, dass ich nicht ein Foto VON ihnen machen sollte, sondern eines MIT ihnen. O.k.! «Cheeeese!» Klick!

«We know you from China!», erklärte mir freudig die Besitzerin der Kamera.

«Och, das tut mir jetzt aber leid, da muss es sich um eine Verwechslung handeln. Ich war nämlich in meinem ganzen Leben noch nie in China. Aber trotzdem noch viel Spaß in Köln», winkte ich der Truppe nach und setzte meinen Weg Richtung zeitlose Schönheit fort. Weil ich es mir wert bin und damit ich auch morgen noch kraftvoll zubeißen kann. Mit der Kraft der zwei Herzen. Jeff! Ich heiße Jeff!

...

Falls Sie irgendwo einen roten Faden sehen – das ist meiner! Den muss ich hier gerade irgendwie verloren haben.

Weiter im Text:

Also, ich winkte damals der chinesischen Reisegruppe nach und setzte meinen Weg Richtung zeitlose Schönheit fort. Witzig. Da hab ich also, wie es scheint, eine Doppelgängerin in China. Wer hätte das gedacht? Eine Chinesin, die aussieht wie ich! ... Wie die wohl aussieht?

Von da an häuften sich die Gruppenfotos mit chinesischen Reisegruppen und chinesischen Studenten und auch mit chinesischen Studentenreisegruppen. Und als sich herausstellte, dass meine Doppelgängerin in China anscheinend auch noch genauso heißt wie ich, machte mich das stutzig.

Meine Theorie mit der chinesischen Doppelgängerin begann fortan zu bröckeln.

Kurz darauf erklärte mir dann ein chinesischer Redakteur bei einem Interview mit der Deutschen Welle China, was es mit dem plötzlichen Trubel auf sich hatte: Offensichtlich hatten sich Sketche und teilweise ganze Folgen der Sat.1-Comedy-Serie *Knallerfrauen*, in der ich seit einigen Jahren mein Unwesen treibe, über das Internet bis nach China durchgeschlagen und dort die Runde durch die sozialen Netzwerke gemacht.

Einige *Knallerfrauen*-Folgen liefen dort angeblich sogar untertitelt im Fernsehen und in Linienbussen, während ich davon nichts ahnend in Köln auf dem Sofa *Germany's Next Topmodel* geguckt habe.

Das erklärte natürlich einiges!

Zum einen die vielen Gruppenfotos mit Chinesen in der Kölner Innenstadt und zum anderen die Einladung nach Peking.

Krasse Sache. Ich in China! Wer hätte das gedacht?!

Also ich schon mal am allerwenigsten. Ich hatte nämlich bisher mit China – abgesehen von «Die 71 süßsauer – aber mit Tofu!» ehrlich gesagt nicht besonders viel zu tun.

Außerdem bin ich vom Sternzeichen her eher so der häusliche Typ: Krebs, Aszendent Couchpotato. Selbst im Urlaub bin ich bis dato noch nie über die Grenzen Europas hinausgekommen. Und schuld daran war nicht allein mangelnde Reiselust, sondern vor allem eine nicht ganz unwesentliche Einschränkung, was Fernreisen betrifft. Ich habe nämlich Flugangst. Und zwar so richtig.

Da mach ich auch kein Geheimnis draus, weil, spätestens auf dem Rollfeld weiß es eh das ganze Flugzeug.

Meine Freundin Jenny hat mir deswegen vor einigen Jahren zum Geburtstag einen Gutschein für einen Fallschirm-Tandemsprung geschenkt. «Damit wirst du deine Flugangst besiegen. Ich schwör's dir!», meinte sie.

Spitzenidee! Ich fasse noch mal kurz zusammen: Ich habe FlugANGST. Und Höhenangst übrigens auch. Und Insektenphobie, was in diesem Fall eher nebensächlich ist ... Und Jenny glaubt allen Ernstes, dass ich freiwillig in viertausend Meter Höhe aus einem Flugzeug rausspringe und danach geheilt bin? Hmmmm? Andererseits: Wenn Jenny das sagt, dann muss da was dran sein. Jenny kennt mich ja schon seit einer halben Ewigkeit und ist selbst sensibler Krebs. Außerdem bin ich eh schon lange auf der Suche nach einem coolen Hobby.

Also, was soll's?! Zwei «Fliegen» mit einer Klappe. Yeah!

Ich also rein in die kleine Propellerkiste, geschnallt an einen attraktiven, braun gebrannten Fallschirmsprunglehrer (man hätte mich in dem Zustand allerdings auch an eine tiefgefrorene Schweinehälfte schnallen können, ich hätte den Unterschied nicht gemerkt), um dann aus dem Flugzeug «gesprungen zu werden», im freien Fall kopfüber durch die Luft zu wirbeln und zu guter Letzt mit einem Affenzahn auf 'nen alten Stoppelacker irgendwo im Osten zuzuschießen!

Ich weiß nich ... so 'n Hobby soll doch auch entspannen ...

Dass mir durch den Adrenalinschock nicht direkt alle Haare ausgefallen sind, grenzt an ein Wunder.

Liebste Jenny, falls du das hier liest – danke noch mal für eines der zumindest unvergesslichsten Erlebnisse meines Lebens. Ich weiß, du hast es gut gemeint.

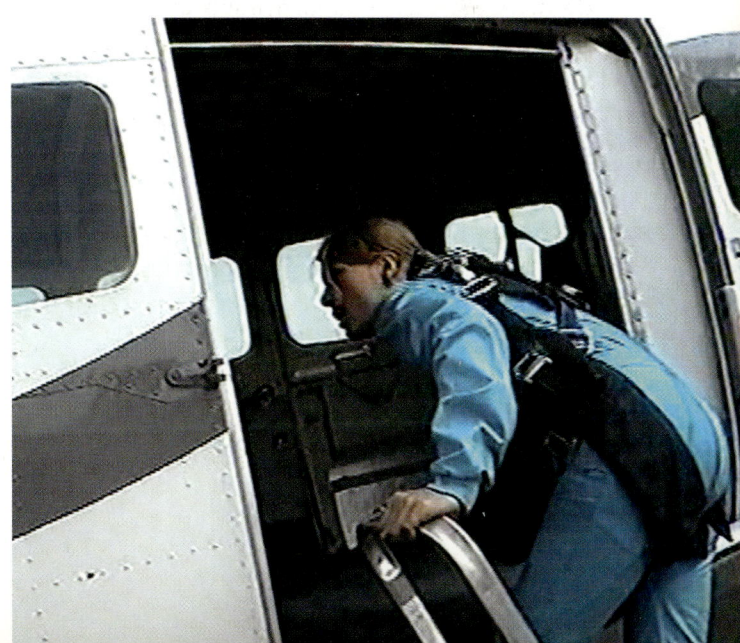

Hier lach ich noch …

... hier lach ich nicht mehr.

Hier das Ganze als Mini-Daumenkino zum Selberbasteln

sparen Sie sich 'ne Menge unnötige Aufregung.

Was mach ich hier eigentlich? Ich zieh Flappe.

Wie Sie sich denken können, hat Jennys Konfrontationstherapie bei mir leider nicht angeschlagen, und ich habe von da an einen noch größeren Bogen um Fluggeräte jeder Art gemacht. Mehr als einmal habe ich ernsthaft mit dem Gedanken gespielt, nach Peking nicht den Flieger, sondern den Zug zu nehmen. Aber 14 Tage Anreise und 14 Tage Rückreise erschienen mir dann bei aller Flugangst doch etwas übertrieben – da kann ich ja genauso gut laufen.

Eine Entscheidung musste her. Trotzdem wollte ich nichts überstürzen, habe alles Für und Wider reiflich und mehrfach gegeneinander abgewogen, und nur zwei Jahre später hatte ich mich dann endlich entschieden.

No risk, no fun! China – I come!

Für die Reise nach Peking musste ich einen neuen Reisepass beantragen, weil meiner seit 20 Jahren abgelaufen war. Dass ich überhaupt einen besaß, hat mich selbst überrascht. Dafür brauchte ich natürlich ein aktuelles, biometrisches Passfoto. Also bin ich auf den letzten Drücker zum Kölner Hauptbahnhof und hab mich da in so einen Fotoautomaten reingezwängt. Ich hab den Vorhang zugezogen, den Sitz runtergedreht, wieder hochgedreht, wieder ein Stück runtergedreht, noch 'n Stück runtergedreht, dann wieder hoch ...

Langer Rede kurzer Sinn – das Foto sieht grauenhaft aus. Ein Schlag in die eigene Fresse, und das gleich in sechsfacher Ausführung. Dass man auf den Fotos heutzutage nicht mal mehr freundlich gucken darf, find ich blöd. Ich hoffe, die lassen mich

Dieses Bild von mir als Renate Künast taugt nicht für den Ausweis. Das ist nicht wirklich biometrisch – dafür aber biologisch ... abbaubar. Hauptsache bio.

damit überhaupt rein ins Land des Lächelns. Ich seh darauf aus wie ein unterzuckerter Schwerverbrecher-Junkie auf Freigang am Wochenende bei Regen. Selbst meine eigene Mutter würde mich auf den Bildern nicht erkennen.

Da hätte ich ja auch genauso gut ein Bild von mir als Renate Künast aus *Switch reloaded* nehmen können, da erkennt sie mich nämlich meistens auch nicht.

Boarding completed!

Boarding is grad mal completed, und ich bin jetzt schon völlig fertig. Zum Glück fliegen wir nur über Land. Trotzdem sitze ich auf einer Schwimmweste – das verstehe, wer will.

Im Panikschieben und Den-Flieger-Zusammenschreien hatte ich schon meine Erfahrungen. Aber zehn Stunden am Stück?

Wie soll ich'n das durchziehen? Ich bin halt eher der Panik-Sprinter. Für den Panik-Marathon fehlt mir die Ausdauer.

Aus meinem Freundes- und Bekanntenkreis kamen nicht wirklich hilfreiche Tipps. Die meisten meinten, ich sollte mir an Bord am besten direkt die Kante geben, dann würde ich den Flug einfach verschlafen. Aber dummerweise vertrage ich keinen Alkohol, da werd ich ganz schnell laut und vulgär, und ich wollte denen da ehrlich gesagt ungern in meinen Thrombosestrümpfen auf den Klapptischen rumtanzen.

Einige rieten zu Valium – das klang erst mal plausibel. Was aber, wenn ich 'ne Valium einschmeiße und dann doch was passiert?

Alles in allem war der Flug letztendlich ganz o. k. Ich hab trotzdem geschrien.

Witzigerweise befand sich (wie in jedem schlechten Katastrophenfilm) ein Arzt unter den Passagieren, der mir gegen mein Rumgeschreie tatsächlich eine Valium verabreichen wollte. Ich lehnte lauthals ab.

Als wir Peking anfliegen, braucht mich die Stewardess nicht zu wecken. Und weil ich nicht schlafen konnte, hab ich den ganzen Flug über einen Film nach dem anderen im Bordprogramm geguckt. Direkt nach dem Start hab ich mit dem *Muppet Movie* angefangen und kurz vor der Landung mit *12 Years a Slave* aufgehört. So hatte ich Sklavendrama zum Frühstück – da kommt man komisch drauf. Andersrum wär vielleicht besser gewesen. *12 Years a Muppet* – stell ich mir lustiger vor. Und danach dann die *Slave Show*, Applausapplausapplaus! Da klatscht es – aber keinen Beifall!

Ich bin hundemüde, aber auch glücklich, dass der größte Teil des Fluges geschafft ist und ich jetzt nur noch die Landung vor mir habe. Und natürlich den Rückflug. Ich denke kurz darüber nach, ob ich zurück nicht doch lieber die Transsibirische Eisenbahn nehme. Oder halt laufe.

Oder ich bleib einfach in China und mach ein deutsches Restaurant auf. «12 German Kostbarkeiten as a Wurst».

Was mach ich hier eigentlich?
Und was ist das für ein seltsames Geräusch?

Ich bin in Peking gelandet, und das Erste, was ich von China zu sehen bekomme, ist – Überraschung – der Flughafen. Und der ist gigantisch!

Das Dach erstreckt sich in einer unendlich erscheinenden Stahl-Glas-Konstruktion in einer Dimension, wie ich es noch nie gesehen habe. Mit über 1,3 Millionen Quadratmetern gilt der Pekinger Flughafen als das größte Gebäude der Welt. Der Chinese an sich backt halt nicht gerne kleine Brötchen. Genau genommen backt er überhaupt keine Brötchen, wie ich später beim Frühstück merken werde.

Unter «das Größte der Welt» macht er's eigentlich nie. Und wenn doch, dann muss es mindestens «das Zweitgrößte der Welt» sein. So wie der Flughafen Peking. Der ist nämlich gemessen am Fluggastaufkommen der zweitgrößte Flughafen der Welt. Und gemessen am Fußweg vom Ausstieg bis zur Gepäckausgabe der größte, den ich je gesehen und erlaufen habe. Der Weg ist sogar so weit, dass Laufen allein gar nicht reicht, sondern man zusätzlich zwei Stationen mit dem Zug fahren muss, um an seinen Koffer zu kommen. Ich hätte dabei sogar fast meine Reisebegleitung verloren, und um ein Haar wären wir dort, am anderen Ende der Welt, unwiederbringlich getrennt worden.

Aber zum Glück fährt der Zug alle drei Minuten.

Auf den ersten Blick dachte ich, es handelt sich hierbei um eine Werbung für ein Kaugummi, das innerhalb von drei Minuten Entspannung verspricht – ich würd's kau(f)en.

Nachdem ich meinen Koffer vom Gepäckband gewuchtet habe, steuere ich schnurstracks die Damentoilette an.

Mir ist danach, mich etwas aufzufrischen und mir die Strapazen der halben Weltumquerung aus dem Gesicht zu waschen. Ich will nicht gleich zur Begrüßung aussehen wie das Opfer in einem Horrorfilm, *nachdem* es der Mörder durchs ganze Haus gejagt hat. Sondern lieber wie am Anfang, *bevor* er es durchs Haus jagt. Also so wie an der Stelle im Film, wo es heißt: «Oh! What's the matter? Was vernehme ich da für ein unheimliches

Geräusch aus dem Keller? Da will ich doch lieber mal nachschauen. Ich bin zwar alleine in diesem sehr großen abgelegenen Haus am Waldrand, und gerade haben sie im Fernsehen gemeldet, dass ein verrückter Massenmörder aus der Anstalt ausgebrochen ist und in der Gegend sein Unwesen treibt ... Huch!? Jetzt ist auch noch der Strom wie von Geisterhand ausgefallen. Wahrscheinlich wegen des Unwetters, das draußen tobt.

Jetzt schau ich nämlich erst mal nach, was da unten zwischen den Spinnweben und alten Laken so vor sich geht ... (lautes Türknarzen) Hallo? Hallo-hoo... ist da jemand? Kuckuck?

Wer zum Teufel ...? Arrrrrrghhhhh!»

Während ich also gerade so darüber nachdenke und sorgenvoll mein Spiegelbild betrachte, ertönt plötzlich genau dieses Todesröcheln direkt neben mir: «Arrrrrrghhhhh!»

Ich zucke zusammen und erstarre. Mir gefriert das Blut in den Adern. Das soll's jetzt also gewesen sein?! Den Flug nach China überstanden, um dann auf dem Airport-Klo von einem verrückten Killer dahingemetzelt zu werden? Aufwendiger geht's ja wohl nicht, liebes Schicksal! ... Da! Schon wieder.

«Arrrrrrghhhhh!»

Ich nehme all meinen Mut zusammen und drehe mich ganz langsam nach rechts um – auf alles gefasst. Aber was meine Augen nun zu sehen bekommen, entspringt nicht einem Hollywood-Horrorfilm, sondern den tiefsten Nasennebenhöhlen der netten chinesischen Dame am Waschbecken neben mir. Das Gesicht in die Keramik gebeugt, scheint sie wie im Todeskampf zu versuchen, irgendetwas aus der Tiefe ihres zarten Körpers hochzuziehen, um es dann mit einer gewissen Gleichgültigkeit abwechselnd durch Mund und Nase lautstark ins Waschbecken ... zu rotzen.

«Arrrrrrghhhhh!»

Erleichtert atme ich auf. Ich werde also vorerst nicht sterben – und in nächster Zeit auch erst mal nichts essen wollen.

Gott, die hört gar nicht auf. Ich staune, wie viel aus dieser kleinen Frau rauskommt. Und mit welcher Lautstärke! Es scheint ihr auch völlig egal zu sein, dass sie dabei nicht alleine ist.

So langsam dämmert's mir. Davon hatte ich irgendwo gelesen. Und zwar, dass es hier durchaus üblich ist und überhaupt nicht als unhöflich gilt, seinen Auswurf ohne den lästigen Umweg über ein Taschentuch in die Landschaft zu befördern.

«Arrrrrrghhhhh!»

Aber so heftig?

«Arrrrrrghhhhh!»

Andere Länder, andere Sitten.

«Arrrrrrghhhhh!»

Dieses Geräusch sollte mich für den Rest meines Aufenthaltes in Peking begleiten.

«Aaarrrrrrrrrch-t!»

Toilette für Männer, Frauen, Rollstuhlfahrer und batteriebetriebene Kleiderbügel mit Socken für X-Beine.

Was mach ich hier eigentlich? Ich sag hallo, denn hier kommt unser Inge!

Ich verzichte vorerst auf eine Erleichterung meinerseits, weder durch den Mund noch durch die Nase, sondern wasch mir schnell die Hände und puder mir die Speckschwarte von der Stirn, um gleich einigermaßen vorzeigbar auf die Begrüßungsdelegation von der Produktion zu treffen.

Die Show, in der ich hier mitmachen werde, heißt übrigens *Dior's Man* und ist ein bisschen so wie *Knallerfrauen* – halt nur auf Chinesisch und mit 'nem Mann, dem chinesischen Comedian *Da Peng*. Vom Flughafen abgeholt werde ich von dem Produktionsleiter, «the head of production» Mr. Ma, und der Dolmetscherin Inge.

Ich halte also Ausschau nach einem Business-Typen und der deutschen Übersetzerin und bin entsprechend überrascht beim Anblick der beiden, die dann freudestrahlend auf mich zukommen: Mr. Ma ist maximal Ende 20 und trägt eine kurze gelbe Hose zu einem bedruckten Fantastic-Four-Comic-T-Shirt, Flipflops und eine coole schwarze Brille. Aber die noch größere Überraschung ist für mich: Unser Inge ist gar keine «Inge». Also ... im engeren Sinne. Meine Tante hieß Inge und die Oma einer Freundin von mir ebenfalls. Ich weiß gar nicht so ganz genau, was ich mir unter dem Namen vorgestellt hatte. Aber irgendwie nicht die Inge, die da fröhlich auf mich zustürmt. Inge ist weder ein Tantchen noch eine Oma, sondern in meinem Alter und – wie soll ich sagen? – Chinesin.

«Halloooohooo. Willkommen in Peking! Ich bin die Inge!» Es ist Liebe auf den ersten Blick!

Und wie sich herausstellt, heißt sie in Wirklichkeit auch gar nicht Inge. Das ist nur der Name, den sie damals in ihrer ersten Deutschstunde für den Unterricht bekommen hat. So wie ich im Englischunterricht «Sally» hieß. Inge heißt mit richtigem Namen Dr. Zhang Yan. Ich denk, ich bleib bei Inge.

Die Begrüßung ist außerordentlich herzlich und unver-

Oh, was für ein Glück ...

krampft. Die beiden sind wirklich cool, und ich beginne, an meinen Gastgeschenken zu zweifeln: Kuckucksuhren und Mozartkugeln. Aber so stand's im Reiseführer. Da sieht man mal wieder, was passiert, wenn man sich einfach nur blind auf den Führer verlässt.

... offensichtlich sind grad Asia-Wochen.

Vom Flughafen geht es direkt zum Hotel. Wenn ich doch nur nicht so platt wäre ...

Für die Strecke in die Stadt rein braucht man ungefähr eine Stunde mit dem Auto, sagt unser Inge. Wenn man gut durchkommt.

Peking ist überraschend grün. Rechts und links der Stadtautobahn säumen kleine parkähnliche Hecken und bunte Blumenbeete die Straße. Alles ist sehr ordentlich und gepflegt.

Bis jetzt habe ich allerdings noch keinen Kontrabass gesehen, sondern nur Chinesen. Und jede Menge Autos.

**Peking ist überraschend grün.
Vor allem untenrum.**

Mein Hotel liegt im Zentrum und nur ein paar Gehminuten von der Haupteinkaufsmeile entfernt. Auf dem Weg dorthin fällt mir wieder auf, dass kleine Brötchen hier offensichtlich nicht gefragt sind. Die Hotels, die auch nur ansatzweise was auf sich halten, haben alle eine Luxuskarosse vor der Tür stehen, vornehmlich Rolls-Royce. Am besten direkt zwei. Einfach so – macht halt was her und dadurch irgendwie auch Sinn. Selbst die üsseligste Pension «Elisabeth» an der Autobahnabfahrt Suderwich/Oer-Erkenschwick würde durch den einen oder anderen Rolls-Royce vor der Tür schlagartig eine deutliche Aufwertung erfahren. Dass da die Elisabeth nicht von selbst draufkommt?! Muss es uns der Chinese erst wieder vormachen.

Auch vor meinem Hotel steht ein etwas in die Jahre gekommener Rolls-Royce sperrig auf der Auffahrt. Und zwar so blöde, dass unser Fahrer ihn umständlich umfahren muss und auf der Stelle wie ein Irrer zu hupen und aufgebracht aus dem Fenster zu schimpfen beginnt. Aber nicht etwa wegen der schlecht geparkten Nobellimousine, sondern wegen einer älteren Dame, die gerade mit ihrem Hund das Hotel verlässt und lediglich die Auffahrt kreuzt.

«Was schreit er die denn so an?», frag ich unser Inge.

«Er will, dass sie ihn vorbeilässt und beiseitegeht», antwortet sie.

Dazu muss man sagen, dass es überhaupt keinen Grund zur Eile gibt und wir eigentlich schon direkt vor der Eingangstür stehen. Die Dame zieht schimpfend zuerst den Hund und dann von dannen. Trotzdem hupt unser Fahrer heiter weiter.

Ich dachte immer, in Asien seien die Menschen ausgeglichener als bei uns. Bei *Karate Kid* geht's doch auch ständig darum, im Gleichgewicht zu sein und sich von nichts aus der Ruhe bringen zu lassen.

Auftragen. Polieren.

Auftragen. Polieren.

Stattdessen:

Hupen. Schimpfen.

Hupen. Schimpfen.

«Inge, warum hupt er denn jetzt schon wieder?»

«Er will, dass das Auto vor uns ein Stück weiter vorfährt.»

Tatsächlich steht vor uns ein weiteres Taxi auf der Auffahrt. Soll ja vorkommen bei 'nem Hotel. Der Fahrer des anderen Wagens ist gerade in den letzten Zügen, das Gepäck seiner Fahrgäste aus dem Kofferraum auszuladen. In den nächsten 20 Sekunden wäre er also sowieso fertig gewesen und von ganz alleine weggefahren. Das hält unseren Fahrer aber nicht im Geringsten davon ab, seine Hupe zu malträtieren, als ginge es um Leben und Tod. Unter dem lauten Gezeter – unterdessen beider Fahrer – begleiten wir nun das Ausladen des letzten Koffers mit Hup-TERROR 2000.

«Inge, sag ihm doch bitte, dass wir auch genauso gut hier aussteigen können.»

Keine Chance!

Fluchend knallt der andere Fahrer endlich seinen Kofferraum zu und braust davon. Natürlich nicht, ohne nun auch selbst wie ein Geisteskranker zu hupen.

Ich dachte, ich bin hier in Peking und nicht in Huping.

Unser Fahrer steigt aufs Gas, setzt den Wagen sage und schreibe ganze fünfzehn Zentimeter weiter vor und stellt den Motor ab. Dafür hat er jetzt also das ganze Hotel zusammengehupt? Nur damit wir exakt und auf den Zentimeter genau mittig vor dem Haupteingang aussteigen können?

Das is aber ... lieb.

Freundlich lächelnd und stolz auf den kleinen Sieg auf der Auffahrt öffnet er die Türen und hilft mir mit dem Gepäck. Zumindest genau so lange, bis es von hinten wieder zu hupen beginnt.

«The circle of life» beziehungsweise «The circle of the huping Hoteleinfahrt».

Damit habe ich übrigens die erste wichtige Lektion über Verkehrsverhalten in China gelernt: Hupen spielt eine zentrale und weitaus bedeutendere Rolle als bei uns. Die Hupe ist neben dem Motor das wichtigste Bauteil am Fahrzeug und ersetzt Blinker und Bremse.

«Mööpmöööpmöpmööööp!»...«Arrrrrrghhhhhcht!»

Das kleine Hupkonzert der Hotelauffahrt hinter mir lassend, schleppe ich mich aufs Zimmer.

Was für ein abgefahrener Tag! Gott, bin ich fertig. Mir fallen gleich die Augen zu. Ich fürchte, ich habe so langsam wirklich Ähnlichkeit mit meinem Passbild. Ich konnte ja die Nacht vorm Flug nicht schlafen aus lauter Aufregung vor dem Flug, und während des Fluges hab ich auch nicht geschlafen aus lauter Aufregung über den Flug, und jetzt darf ich noch nicht schlafen aus lauter Angst vor dem Jetlag.

Aber die weiß gestärkten Laken des Hotelbettes lachen mich so weich und einladend an. Ich darf der Versuchung jetzt nicht nachgeben. Das sei ungefähr das Falscheste, was man bei so einer Zeitverschiebung machen könne, hieß es aus meinem reiselustigen Bekanntenkreis. «Dann steckste voll im Jetlag, und da kommste nie wieder raus – nie wieder!» Nie wieder? Auf ewig müde und immer zu spät dran? Das darf mir auf gar keinen Fall ... pa...hhhhh...siiiiii... rrrrrchhhhhhtschhhh...rrrrrtschhhhhhhhhhhhhh... rrrrrtschhhhhhhhh...rrrrrtschhhhhhhhh...

Eine dezente Beleuchtung sorgt sofort für gemütliche Atmosphäre. Aber ein Birnchen ist kaputt. Finden Sie's?

Was? Machen? Wo? Hier?
Wieso eigentlich immer ich?

Oh nein, ich bin eingeschlafen.

Wie konnte mir das nur passieren!?

Das soll man doch nicht ... der Jetlag! Oder das Jetlag? Egal, Jetlag!

Na toll! Jetzt bin ich wach ... Wie spät is'n? Zwei Uhr nachts? Oh Gott, dann muss ich dringend wieder einschlafen!

«Schlaf ein, Martina, schlaf ein, schlaf ein, schlaf ein, schlaf eiheiiiiin! Mach schoooooon!»

Auf diese Art und Weise versuch ich es die nächsten eineinhalb Stunden. Keine Chance, das wird so nix. Ich sitze aufrecht im Bett. An Schlaf ist nicht im Traum zu denken. Ich bin hellwach. Wie kann das sein? Ich war doch grad noch todmüde. Also gerade noch vor – knapp neun Stunden?

#Jetlag! #SchöneScheiße!

Was mach ich hier eigentlich? Im Nirwana?

Als ich wieder aufwache, liege ich mit dem Kopf am Fußende im Bett und pfeife «Atemlos». Hä? Was ist da los in Hillihausen?

Es ist kurz nach elf, und ich habe verschlafen, Scheibenkleister! Wie eine Rakete schieße ich aus dem Bett und setze mich direkt wieder auf die Bettkante. Kreislauf.

Fürs Frühstücksbuffet ist es schon zu spät, aber in irgendwas muss ich noch reinbeißen, bevor es gleich zum ersten Meeting in die Redaktion geht. Also greif ich zum Hörer, um mir schnell was beim Zimmerservice zu bestellen.

Tut ... tut ... Ein Rascheln, dann meldet sich am anderen Ende eine freundlich klingende Frauenstimme:

«Nihao! ... (Irgendetwas auf Chinesisch)»

«Good morning. This is Martina Hill, room 1019. I'd like to order breakfast.»

Stille am anderen Ende der Leitung.

«Hello?»

Ich denke schon, die Verbindung ist abgebrochen, doch dann ertönen wieder ein Rascheln und mehrere kurze hektische Atmer. So als ob jemand einatmet und zum Sprechen ansetzt, aber abbricht, bevor der erste artikulierte Laut herauskommt.

«...uah...huahaaa...aha yuu uanna oda... äh... yuu wonna oda uatt?»

«I want to order breakfast.»

«... ok ... yuu wonna oda ... bräkfäss?»

«Yes!»

«Ok ... ok. Uatt bräkfäss?»

«What?»

«... uatt bräkfäss?»

Was für ein Frühstück? Ja ... wenn ich das nur wüsste. Ich bin ja auch selber schuld. Hätte ich die Speisekarte gefunden, könnte ich jetzt daraus einfach ein Frühstück auswählen, aber ich habe trotz intensiver Suche keine im Zimmer finden können. Erst beim Auschecken am Abreisetag habe ich durch Zufall entdeckt, dass ich sie die ganze Zeit direkt vor der Nase hatte. Blöderweise meisterhaft versteckt in so 'ner Art dicker, antiker, hohler Deko-Buchattrappe auf einem kleinen Beistelltisch am Fenster. Das ist an sich zwar sehr hübsch und dekorativ, aber doch auch recht unpraktisch, wenn man's nicht weiß.

Also bleibt mir nichts anderes übrig, als mir so 'ne Art Freestyle-Breakfast zusammenzustellen. Is ja nicht viel. Geht ja nur um eine Kanne Kaffee mit Milch, ein Glas O-Saft, ein paar Brötchen, ein bisschen Käse und 'n Bircher-Müsli. Wobei ich gar nicht weiß, was Bircher auf Englisch heißt.

«Ok, uatt do yu uant?»

«A Kanne coffee with milk.»

«Ok, coffee. Yuu uanna mill kau ssei?»

«Nein, kein Ei. No egg, thank you.»

«Uatt?»

«Thank you.»

«Ännsink ells?»

«What?»

«Coffee, mill kau ssei. Ännsink ells?»

«Ach so. Yes, some Brötchen, I mean rolls ...»

«Uatt?»

«Rolls, like small bread?!»

«Uatt...ppp...b...bruähtt?»

«Yes, hier ... bread, äh, wie Brad Pitt.«

«…»

Oder … (singt) «Bakerman is baking bread.»

«Breaking bad?»

«No, not bad. Bread. I mean bread, like knäckebread, smörebread or toastbread.»

«Ah, Toass.»

«Yes. Toast.»

«Ok. Yuu wuanna Toass.»

«Yes!»

«Uatt Toass?»

«Wie, what Toast?»

«White Toass?»

«Yes, lieber als black Toast, but schon toasted Toast, but not too long getoasted. Also so gold brown Toast. Gold brown Toast?»

«Uatt?»

«White Toast is perfect. Ach ja, and cheese.»

«Uatt cheese?»

«Mix cheese!»

«…»

«And orange juice. That's all.»

«Ok, ei ripie, ei ripie: Huu huant coffee with mill kau ssei, white Toass, cheese, mix cheese and orndsch dschuus. Ännsink ells?»

«No, that's all. Thank you very much.»

«Hua uäkamm!»

Erleichterung, als der Hörer in die Gabel fällt. Ich muss dringend mein Englisch auffrischen.

Ich spring schnell unter die Dusche, bevor das Frühstück kommt, und mach mich fertig.

Dingdong! Ah, das Frühstück ist da. Prima. Das ging ja fix. Hungrig will ich mich direkt darüber hermachen, aber so ohne weiteres geht das gar nicht, denn alles ist einzeln für sich fein säuberlich in Frischhaltefolie eingepackt und mehrfach umwickelt. Selbst das Glas Orangensaft.

Jetzt weiß ich auch, was sie mit «mill kau ssei» meinte. «Milk outside»! Die Milch befindet sich außerhalb. Also nicht draußen vor der Haustür, sondern außerhalb des Kaffees, in einem kleinen Extrakännchen – welches ebenfalls ausgiebig mit Frischhaltefolie umwickelt ist, sodass es auf den ersten Blick gar nicht als Kännchen zu erkennen ist. Es sieht eher aus wie ein Zellophanball. Lecker! Bis ich das alles ausgepackt habe, fürchte ich, gibt's allerdings schon wieder Abendbrot. Aber dafür ist alles schön frisch. Und es fehlt auch lediglich der Käse. Also stipp ich die Scheibe White Toast in die Kanne Coffee mit der Milk jetzt inside und mache mich weiter fertig.

Ich packe meine Sachen zusammen und fahre mit dem Fahrstuhl runter in die Lobby. Vor der Eingangstür kommt mir die Dame mit dem kleinen Hund entgegen, die der Fahrer gestern von der Hoteleinfahrt so rüde weggehupt hat. Fast hätte ich sie in der Tür umgelaufen, und als ich sie erkenne, lächle ich sie freundlich an und würde mich jetzt zu gerne bei ihr entschuldigen, ihr sagen, dass das gestern nicht persönlich gemeint war, sondern ein Missverständnis. Aber die Dame mit Hund nimmt mich gar nicht wahr, weil sie viel zu sehr damit beschäftigt ist, laut in Richtung Hotelauffahrt zu schimpfen. Fluchend ballt sie ihre Faust gegen einen hupenden silberfarbenen Van. Ah, mein Fahrer!

Ich hüpfe über den Pudel der Dame und steige ins Auto. Im Losfahren winke ich ihr noch fröhlich hinterher und bekomme sofort Unterstützung von unser Inge und dem Fahrer, die offensichtlich davon ausgehen, dass ich die Frau kenne. So brausen wir alle drei grinsend und winkend mit dem Van an der Dame vorbei, die unsere Geste irgendwie zu motivieren scheint. Denn jetzt winkt sie auch sehr engagiert und lautstark und sogar mit beiden Fäusten zurück.

Die Sonne scheint, im Autoradio läuft eine Coverversion von Britney Spears' «Hit me baby one more time» auf Chinesisch. Und obwohl es sich bei dem gleich anstehenden Termin eigentlich nur um ein erstes Treffen handelt, bei dem ich einen Teil des Teams kennenlernen werde, mit dem ich hier in den nächsten Tagen drehe, bin ich ziemlich aufgeregt. Was man mir Gott sei Dank nicht so recht anmerkt, weil ich nämlich auch ziemlich müde bin.

Trotzdem will ich natürlich einen unvergesslichen guten ersten Eindruck machen. Der ist wichtig. Und man kann den ersten Eindruck ja auch nur ein einziges Mal machen. Man kann auch den zweiten Eindruck nur ein einziges Mal machen. Und auch einen dritten Eindruck kann man nur ein einziges Mal machen. Wenn man ihn nämlich das zweite Mal macht, ist es in Wahrheit schon der vierte. Und selbst den tausendsten Eindruck kann man nur ein einziges Mal machen. Wenn man einmal anfängt, richtig darüber nachzudenken, kann einen das schon in den Wahnsinn treiben, oder? Genauso wie die Frage nach der Unendlichkeit des Universums oder der Existenz Gottes oder die Frage, wohin nach der Wäsche immer die eine Socke verschwindet.

Aber egal, Fakt ist, der erste Eindruck entscheidet darüber, ob es überhaupt einen zweiten geben wird.

Vielleicht habe ich zu oft *Kill Bill* geguckt, aber ich fand die Idee ganz cool, da beim ersten Meeting in 'nem gelben Motorradanzug aufzuschlagen. Wär doch lustig! Aber auch irgendwie psycho. Und was, wenn sie den Film hier gar nicht kennen? Dann denken die womöglich, ich hab einen an der Klatsche und lass mich hier später noch auf irgendeinem Rummel aus der Kanone schießen. Hmmm? Vielleicht doch 'ne Spur zu speziell für den ersten Eindruck. Heb ich mir auf – für den zweiten.

Was mach ich hier eigentlich?
Ich sag's durch die Blume.

Nach einer halben Stunde Fahrt erreichen wir den Sender, ich staune nicht schlecht. Das Produktionsbüro befindet sich in einem Büro-Wolkenkratzer in Pekings High-Class-Business-Viertel mit Blick über die ganze Stadt. Alles vom Feinsten. Selbst das stille Örtchen schindet Eindruck. Wo bei unseren öffentlich-rechtlichen Rundfunkanstalten teilweise auf den Damentoiletten die Sechziger-Jahre-Kacheln von der Wand fallen, strahlt mich hier (ich war nur Hände waschen) ein schwarz gefliestes «Designer-Badetraum-Wohnraum-Erlebnis-Arrangement» an, sodass ich auf der Stelle einziehen möchte. Ansonsten ist aber eigentlich alles genauso wie bei uns – halt nur 'n Ticken hipper, mit mehr Chinesen, und in der Kaffeeküche gibt es keinen Kaffee, sondern Tee.

Ich bekomme eine kleine Führung durch die Redaktion und den Studioteil, und mehrfach heißt es, dass Da Peng, der Hauptdarsteller, heute leider nicht dabei sein könne, weswegen sich netterweise der Redakteur der Show und die Regieassistentin meiner annehmen. Zusammen mit unser Inge folge ich den beiden durch den riesigen, verwinkelten Komplex. Als wir am Ende eines ewig langen Flures gerade um die Ecke biegen wollen, springt mir plötzlich ein lachender Blumenstrauß direkt vor die Füße. Ich schreie laut auf und will nach dem Pfefferspray in meiner Tasche greifen, erwische aber nur eine Packung Tic Tacs, die ich dem vermeintlichen Angreifer entgegenschleudere. (Man muss dazu wissen, dass ich sehr, sehr, sehr, sehr schreckhaft bin und dazu neige, hysterisch um mich zu schlagen und mit Gegenständen zu werfen, wenn ich unerwartet überrascht werde.) Damit hat der lachende Blumenstrauß natürlich nicht rechnen können. Ich kreische und schlage auf den bunten Strauß ein, bis dahinter das erschrockene Gesicht des chinesischen Hauptdarstellers zum Vorschein kommt.

Upsi! Die Überraschung hatte sich Da Peng sicher anders vorgestellt.

Einen Moment sehen wir uns stumm in die Augen – nicht wissend, für wen das jetzt der größere Schreck war. Er beginnt als Erster zu lachen.

Zum Glück musste ich mein Pfefferspray am Flughafen abgeben, sonst würde er jetzt für die nächste Stunde erst mal nicht mehr lachen – sondern weinen. Ich steige mit ein, tue auch so, als ob ich spontan was Lustiges improvisiert hätte, und schlage lachend noch ein paarmal in den bereits zerfetzten Strauß. Schade um die schönen Blumen. Was sacht er auch erst, er is nich da, und springt dann wie von der Tarantel gestochen um die Ecke?!

Unterm Strich – ein zumindest bemerkenswerter erster Eindruck. Das Eis ist gebrochen! Hätte ich dazu noch den *Kill Bill*-Anzug angehabt ... es wäre perfekt gewesen. Nahezu filmreif.

Als sich die Gemüter auf allen Seiten wieder beruhigt haben und die aufgeschreckten Mitarbeiter vom Flur zurück in ihre Büros gekehrt sind, gehen wir alle gemeinsam mit dem zerkloppten Strauß in eines der Besprechungszimmer, wo der Regisseur und der Kameramann schon auf uns warten. Mein Gastgeber bietet mir einen Tee an, in dem ganz viele hübsche Blüten schwimmen. Wie hat er die denn jetzt so schnell vom Teppichboden aufgesammelt und ins Glas reingekriegt?

«Das ist Chrysanthemen-Tee. Der kühlt die innere Hitze, sagt Da Peng», sagt unser Inge. Ich weiß überhaupt nicht, wie er darauf kommt, dass es bei mir innere Hitze zu kühlen gäbe. Ich bin die Ruhe selbst. Ich hab eher schon wieder das Gefühl, ich könnt 'n Kaffee vertragen, so platt bin ich.

Der Tee sieht ganz zauberhaft aus und ist auch wirklich sehr lecker. Ich trinke und sinke mit meiner Tasse in das Sofa des Besprechungszimmers und blicke nun gespannt in die ebenfalls gespannt guckenden Gesichter des Teams und meiner Gastgeber. Wir lächeln uns alle freundlich an.

Und nun ...?

Keiner der Kollegen hier im Raum spricht Deutsch. Nur die nette Regieassistentin spricht Englisch, die ist aber gerade noch unterwegs im Hause. Zum Glück gibt's ja unser Inge.

«Ich gehe mal kurz auf die Toilette», sagt diese und flutscht durch die Tür. O. k. ... dann lächeln wir uns eben noch ein bisschen an und versuchen es fürs Erste ohne unser Inge – dafür mit Händen und Füßen. Und siehe da – es klappt super! Auch wenn diese Form der Kommunikation naturgemäß ein wenig an der Oberfläche bleiben muss, sorgt sie für herzhafte Lacher auf beiden Seiten.

Der heutige Termin ist dafür gedacht, dass wir uns alle mal kennenlernen, über den Verlauf der anstehenden Drehtage sprechen, wann, wie und wo welcher Sketch gedreht werden soll und vor allem, wie wir das Problem mit der klitzekleinen Sprachbarriere in den Sketchen lösen. Ich mein, mein Chinesisch ist nämlich nur so ... Schulchinesisch. Beziehungsweise ... warte mal ... wenn ich ehrlich bin ... ich hatte ja gar kein Chinesisch in der Schule. Sondern Französisch. Aber das ist eigentlich auch egal, weil ich da eh meistens geschwänzt habe. Also kommt's – wenn man so will – aufs selbe raus. Da hätte ich auch genauso gut Chinesisch schwänzen können. Im Nachhinein ärgerlich. Wenn schon mit so viel Zeitaufwand eine Sprache nicht lernen, dann doch wenigstens Chinesisch. Das ist der Markt der Zukunft. Aber das konnte ich ja damals nicht ahnen.

Omega-3-Fettsäuren sind ja gut fürs Gehirn und stecken in Walnüssen, wie man hier auf diesen Bildern sehr gut erkennen kann.

Apropos Sprachbarriere – wo bleibt eigentlich unser Inge? Wahrscheinlich ist sie von der Feuchtzelle ähnlich angetan wie ich. Wenn sie noch länger braucht, mutiere ich hier zum Pantomimen. Ich bin kurz davor, nach weißen Handschuhen und Schminke zu fragen. Pantomimisch natürlich.

Endlich geht die Türklinke wieder, und unser Inge stolpert fröhlich Richtung Sofa.

«Hallo, seid ihr schon fertig? Aahahahahaa.»

Lustig isse, unser Inge.

Da mir die chinesischen Kollegen im Vorfeld die Texte auf Englisch geschickt haben, weiß ich schon so ungefähr, was auf mich zukommt.

Ein Sketch zum Beispiel spielt an einer Bushaltestelle, an der mir Da Peng aus Versehen auf den Fuß tritt und sich bei mir entschuldigt, woraufhin ich ihm auch auf den Fuß trete und auf Chinesisch «Macht nix!» sage: «Mey guan chi!»

Das Ganze geht dann ewig hin und her und steigert sich bis ins Absurde. Aber zum Glück bleibt mein Text dabei immer derselbe. «Mey guan chi!» Das ist nicht allzu schwer, und ich krieg das relativ schnell so ausgesprochen, dass die chinesischen Kollegen und unser Inge «Daumen hoch» signalisieren. Bei dem anderen Sketch wird es allerdings schon komplizierter. Da habe ich nämlich ganze Textstrecken auf Chinesisch.

Ich hatte mir fest vorgenommen, die Sketche alle auf Chinesisch zu spielen. Dazu hatte mir die Regieassistentin meine Textpassagen auf Chinesisch eingesprochen und als Audiodatei zum Üben aufs iPhone geschickt.

So ähnlich mach ich das auch immer bei *Switch reloaded*, wenn ich eine neue Parodie erarbeite. Da renne ich teilweise wochenlang mit Heidi Klum, Renate Künast oder Katja Burkard im Ohr durch die Stadt. Ich sag Ihnen, da kommt man echt schizo drauf.

Und für die ein oder andere Parodie musste ich mir ja auch schon durchaus fremde und exotische Sprachen aneignen, wie zum Beispiel den Ludwigshafener Dialekt von Daniela Katzenberger.

Aber das alles ist kein Vergleich zu der Herausforderung, die Chinesisch für mich darstellt. Beispiel gefällig?

Als Katzenberger hab ich immer mit den zwei großen «D» zu kämpfen: Dialekt und ...

... Dekolleté.

«Ich hab Mittagspause.»
Uou chijenn tsä tschinn tsä u fä schio schi sche tschiä ne!

Dabei ist es gar nicht mal so sehr das Einprägen der Vokabeln, das mir zu schaffen macht, sondern vielmehr die Aussprache. Vor allem sollen die Sätze ja auch ganz beiläufig klingen und nicht auswendig gelernt.

«Uou chijenn tsä tschinn tsä u fä schio schi sche tschiä ne!»

Je schneller ich den Satz sage, desto mehr klinge ich wie Katja Burkard auf Speed nach'm Zahnarztbesuch, die mit'm Fahrrad über Kopfsteinpflaster fährt.

«Ef ifft eine Fenfatzion. Tzfei füühühühühsse Robbenbaibiezss im Zfofzter Tzoo. Kussihihi und Bussihihihiii. – *Uou chijenn tsä tschinn tsä u fä schio schi sche tschiä ne!*»

Aber damit nicht genug. Erschwerend kommt ja noch hinzu, dass Chinesisch so 'ne Art «Tonsprache» ist. Das bedeutet, dass je nach Betonung und Tonhöhe die Wörter eine völlig andere Bedeutung kriegen.

Zum Beispiel das Wort «ma».

1. Ton	2. Ton	3. Ton	4. Ton
gleich bleibend hoch	steigend	tief fallend – steigend	scharf abfallend
妈, mā «Mutter»	麻, má «Hanf»	马, mǎ «Pferd»	骂, mà «schimpfen»

Für meine Katzenberger-Parodie lass ich mir immer die Brüste machen. Allerdings mit Watte statt mit Silikon. Findet man im Baumarkt nur einen Gang weiter.

Je nachdem, wie man also «ma» betont, kommt entweder die Mutter, der Dealer oder ein Pferd um die Ecke, oder man kriegt Schimpfe vom Pferd mit dem Hanf, das die Mutter ... irgendwie so.

Deswegen stelle ich mich der Realität, und wir einigen uns für den Dreh auf eine bunte Mischung aus Chinesisch und Englisch.

Was aber halb so wild ist, weil im chinesischen Fernsehen eh das meiste untertitelt wird. Das Land ist so riesig, und es gibt so viele unterschiedliche Dialekte – aber die Schriftzeichen, die bleiben immer dieselben. Zumindest war das so mein Eindruck beim Fernsehen.

Was mach ich hier eigentlich?
Fitting mit Anfassen.

Nachdem wir alles Inhaltliche besprochen haben, geht's weiter zum «Fitting». Das ist weder etwas Unanständiges noch eine Stadt in Bayern. Auch keine unanständige Stadt in Bayern, sondern lediglich eine Kostümprobe auf Medien-Slang. «Fitting» klingt halt more «fashional international». Man sagt ja auch nicht «Bilderschießen», sondern «Fotoshooting». Und Boris Entrup von *Germany's Next Topmodel* ist ja auch nicht «Schminker», sondern «Make-up-Artist».

Was genau passiert bei so einem fashional international Fitting? Nun ... man probiert Sachen an. Beziehungsweise «Outfits». Outfit-Fitting! Einfach, damit man weiß, ob der Fummel passt.

Ich bin auf jeden Fall gespannt, wie die Kostümbildnerin mit meinen Maßen klargekommen ist. Ich habe Schuhgröße 41, und das sorgte im Vorfeld schon für einige Aufregung mit dem Ergebnis, dass ich doch bitte selber so viele von meinen eigenen Schuhen mitbringen sollte wie möglich. Größe 41 scheint hier nicht so gängig zu sein.

Zumindest weniger vertreten.

Also nicht so geläufig.

Das erste Kostüm passt perfekt. Vielleicht ein bisschen zu warm für die Jahreszeit, aber dafür saubequem.

Die restlichen Kostüme sitzen ebenfalls super, und zu meiner Überraschung passen mir meine eigenen Schuhe größtenteils auch. Die Maskenbildnerin für den Dreh gibt mir noch eine Feuchtigkeitsmaske mit auf den Weg.

«Your skin needs moisture!», sagt sie.
Ich so: «Echt?»
Sie so: «What?»
Ich so: «Really?»
Sie so: «Yes!»
Ich packe die Maske in meine Handtasche, unser Inge sich die restlichen Schnittchen ein, und dann geht's zurück ins Hotel.

Was mach ich hier eigentlich? Ich revolutioniere die Tourismusbranche.

Wieder im Hotel angekommen, schmink ich mich ab und schau dabei chinesisches Fernsehen. Ist ja auch eine Möglichkeit, Land und Leute kennenzulernen. Ich hätte da übrigens eine geniale Geschäftsidee für Reisemuffel, und das ganz ohne Jetlag: *Couchpotato-Tourismus*. Das ist so simpel wie brillant. Man bucht einfach ein Hotelzimmer, am besten direkt um die Ecke, und lässt sich dort zwei Urlaubswochen lang vor dem Fernseher nieder, auf dem dann den ganzen lieben langen Tag das Fernsehprogramm eines Urlaubslandes seiner Wahl läuft. Die Vorhänge sollten dafür natürlich zugezogen sein. Und je nach Reiseziel kann man die Zimmertemperatur den örtlichen klimatischen Bedingungen anpassen.

Wieder eine Spitzenidee für die Pension Elisabeth. «Around the world in 24 hours at the Abfahrt Suderwich/Oer-Erkenschwick, garantiert Jetlag-free».

Apropos Jetlag ... Die Laken lachen mich schon wieder so verlockend an. Das Bett ist einfach saugemütlich, und das konnte ich letzte Nacht ja überhaupt nicht so richtig auskosten. Kurt sei Dank. Ich spiele mit dem Gedanken, nur für einen kurzen Moment die Füße hochzulegen. Aber ich bin ja nicht blöd, ich lerne ja aus Fehlern und werde jetzt den Teufel tun, mich ins Bett zu legen. Ich leg mich aufs Sofa.

Das Kostüm als Wahrsagerin ist vielleicht nicht unbedingt fashional international, aber dafür saubequem. Ich fühle mich schlagartig erleuchtet und irgendwie auch superhot (schwitz!).

Ich war schon immer eine kleine Couchkartoffel. Den Flip, der mir da gerade runtergefallen ist, hab ich übrigens erst kürzlich in der Sofaritze wiedergefunden, und der hat immer noch geschmeckt. Schon toll, was mit Konservierungsmitteln alles so möglich ist.

Was mach ich hier eigentlich?
Ich mach Bubu, was machst du?

In meinem Traum bin ich bei *Germany's Next Topmodel* und stehe vor Heidi Klum:

«Martina. Du warst heute beim Fotoshooting ganz schön verkrampft. Du hast auf keinem einzigen Bild gelächelt. Was war los?»

«Ich weiß nicht, aber ich fand, ich hab das eigentlich ganz gut gemacht ...»

«Du hast da im Wasser gehangen wie so 'n nasser Sack. Bei so 'nem Action-Shooting, da musst du Power zeigen, Attitude. Da musst du lächeln, da will ich Zähne sehen, und zwar nicht nur die von den Haien.»

«Ja, aber die anderen Mädchen hatten ja auch Angst, und es ist halt nicht so einfach, sieben Minuten die Luft anzuhalten und dabei mit Weißen Haien zu posen. Aber beim nächsten Mal geb ich mir noch mehr Mühe, versprochen!»

«Wie denn, mit einem Bein?»

«Die im Krankenhaus haben gesagt, mit etwas Glück wächst das wieder nach.»

«Jaja, blabla.»

Heidi hatte leider kein Foto für mich. Ich bin mir sicher, es lag an meinem Make-up – Boris, der Schminker, hat's verbockt. Oder doch zu wenig Moisture?

Mein Nacken schmerzt von der Sofalehne. Ich wollte doch ... Mist! Schon wieder eingepennt.

Ausgerechnet heute, wo ich doch gut aussehen will und

fit sein muss. Heute ist nämlich die Pressekonferenz für die Comedyshow. Und wir wissen ja, der erste Eindruck zählt.

Aber bis dahin dauert's zum Glück noch ein bisschen.

Was mach ich denn jetzt mit der angebrochenen Nacht? Soll ich jetzt wach bleiben oder doch lieber weiterschlafen? Das ist aber auch kompliziert.

Was soll's, ich krieg die Zeit schon irgendwie rum.

Träume wollen einem ja auch immer was sagen, und vielleicht wollte mir Heidi sagen, dass meine Haut tatsächlich Feuchtigkeit braucht. Also rolle ich mich vom Sofa hin zu meiner Handtasche. Ich krame die Feuchtigkeitsmaske, die mir die Maskenbildnerin mitgegeben hat, heraus, fummle den getränkten Lappen aus der Verpackung, klatsch ihn mir ins Gesicht und rolle weiter ins Bett. Boa, tut das ... Moisture.

Augen und Mund sind bei dem Masken-Lappen zum Glück ausgespart, sodass ich sowohl gucken als auch Luft holen kann und kurz mit dem Gedanken spiele, über den Flur zu rennen und «Happy Halloween!» zu rufen. Aber es ist ja gar nicht Halloween. Und hier müsste es ja dann auch «Nihao-ween» heißen. Weil «Hallo» auf Chinesisch «Nihao» heißt.

Als ich wieder aufwache, ist es schon kurz vor Mittag und meine Haut ein Feuchtbiotop.

Ich spring schnell unter die Dusche und mach mich fertig. Dank dem vielen Moisture geht das heute wie geschmiert.

Ich bin gespannt auf die Pressekonferenz. Unser Inge hat das Programmheft. Werd sie gleich mal fragen, was da genau passieren soll. Wird schon nich so wild sein.

Die Fahrt geht zu einem Tagungszentrum etwas außerhalb der Stadt, und auf dem Weg erzählt mir unser Inge, was mich da gleich erwartet.

«Das ist anders als eine Pressekonferenz in Deutschland. Das ist hier alles sehr viel lockerer», sagt sie.

Puh, da fällt mir aber ein Stein vom Herzen.

«Du musst eine Trommelmusik machen, etwas aus der Pekingoper tanzen und eine chinesische Spezialität kochen.»

«Wie bitte, was?! Trommeln? Ich? Was denn für 'ne Trommelmusik? Und was für 'ne Spezialität kochen? Ich kann nicht kochen, und ich kann auch keine Pekingoper. Ich kann gar nix.»

Ich schiebe Panik und verfalle in so 'ne Art Schockstarre.

Unterdessen sind wir beim Tagungszentrum angekommen. Die Konferenz hat bereits begonnen, und auf dem Weg zur Bühne wird mir auf dem Flur im Laufen das Kabelmikrophon angesteckt und auch noch so 'ne Art traditioneller Kopfschmuck zur Anprobe aufgesetzt und wieder runtergenommen. Ich bin verwirrt. Was mach ich hier eigentlich?

Was mach ich hier eigentlich?
Gute Frage. Nächste Frage.

Ich hatte ja keine Ahnung, wie das hier abgeht! In Deutschland ist eine Pressekonferenz meist eher eine, ich sag jetzt mal, dröge und nüchterne Veranstaltung – so mit Neonlicht, Journalisten mit Block und Bleistift, altem Kaffee und stillem Wasser.

Hier hingegen herrscht eine Stimmung wie auf einem Pop-

konzert. Es gibt Musik von einer Liveband, das Publikum steht auf den Stühlen, und ein Lichtermeer aus iPads und iPhones strahlt mich an. Kurz gesagt: Hier geht die Post ab.

Die Band gibt Vollgas, und ich werde direkt auf die Bühne geführt, wo Da Peng und die Moderatorin schon auf mich warten. Es ist die ganze Zeit so laut, dass ich die Fragen, die mir unser Inge brüllend übersetzt, kaum verstehe. Aber das scheint alles keine Rolle zu spielen, Hauptsache, wir haben Spaß. Und den haben wir!

Auch wenn ich nicht die geringste Ahnung habe, warum, kochen wir Teigtaschen, spielen kostümiert eine Szene aus der Pekingoper nach (fragen Sie mich nicht, worum's da ging!) und trommeln gemeinsam mit dem Senderchef und einem chinesischen Popstar auf eine übermannsgroße Trommel ein.

Im Großen und Ganzen waren das die inhaltlichen Schwerpunkte der Veranstaltung.

Auf der Rückfahrt ins Hotel schlägt unser Inge vor, ein Spiel zu spielen. Soll mir recht sein, Hauptsache, ich muss nicht kochen oder trommeln. Das Spiel heißt «Kennzeichen raten», und es geht darum, die Zahl des Tages zu erraten. Um nämlich des Smogs in Peking Herr zu werden, dürfen täglich wechselnd bestimmte Autos nicht fahren. Und zwar richtet sich das jeweils nach der letzten Ziffer auf dem Kennzeichen.

Wer also die Zahl des Tages als letzte Ziffer auf seinem

Kennzeichen hat, muss das Auto stehenlassen. Eigentlich ganz einfach, ich hab's nur sehr kompliziert formuliert. Aber ich bin ja auch müde und vom ganzen Getrommel noch etwas durch den Wind.

Dennoch versuche ich anhand der uns umgebenden Autokennzeichen zu erraten, welche Zahl es heute ist. Ich bin ja auch so 'ne Art weiblicher Sherlock Holmes oder männliche Miss Marple.

«Es ist die 6, die fehlt», sage ich siegessicher.

«Nein», sagt unser Inge.

«Die 3?»

«Nein, ahahaha!»

«Ich hab's. Die 9!»

«Nein, ahahaha!»

Blödes Spiel, wie soll man denn auf die Zahl kommen, wenn die heute gar nicht dabei ist?

«4?»

«Ja, bravo, richtig!»

Yes, ich hab's einfach drauf.

Eigentlich keine schlechte Idee, das mit der Zahl des Tages. Dumm bloß, wenn man selbst an der Reihe ist. Dann bleiben einem nur Fahrrad und Bus – oder Tipp-Ex und Edding.

Was mach ich hier eigentlich?
Ich grün so grün.

Den Rest des Tages habe ich frei, und ich freue mich schon die ganze Zeit darauf, mir endlich die Stadt anzusehen.

Also hau ich mir im Hotel 'ne Ladung kaltes Wasser ins Gesicht, schlüpfe in was Bequemes und ziehe mir ein paar schöne weiße Tennissocken und Sandalen an. Man hat schließlich auch ein Stück weit Verantwortung für das Bild des deutschen Touristen im Ausland. Das soll ja keinen Schaden nehmen – ich sag nur Kuckucksuhren und Mozartkugeln.

Witzigerweise wird auch hier am anderen Ende der Welt davon ausgegangen, dass Frau in Deutschland in der Regel im Dirndl den Müll runterbringt und Mann sich in Lederhose mit Haxe und Sauerkraut vor Freude auf die Schenkel haut. Zugegeben etwas plakativ, aber Schloss Neuschwanstein bleibt nun mal eher hängen als 'ne verklinkerte Doppelhaushälfte irgendwo in Hannover. Unser Inge hat mir auch erzählt, dass viele Chinesen glauben, dass die deutschen Haushalte neben der Wasserleitung eine Bierstandleitung in der Küche haben, die direkt mit einer Brauerei verbunden ist. «Guten Morgen, Schatz, o'zapft is!»

Da mein Hotel mitten im Zentrum liegt, kann ich mich direkt ins Getümmel von Pekings Straßen stürzen und die Umgebung erkunden. Soweit man in meinem Zustand überhaupt von «erkunden» sprechen kann. Aber egal, biste schon mal in Peking, willste auch was sehen.

Also: Augen zu und durch! Beziehungsweise: Augen auf und dran vorbei!

Augen auf und dran vorbei.

Es gibt bestimmt unendlich viel, was man Wissenswertes über Peking in Erfahrung bringen kann. Über die große Stadt, ihre mehr als dreitausendjährige Geschichte, die jahrtausendealte Kultur und die Entstehung einer der größten Metropolen der Welt. Aber das Wichtigste, was man als Tourist in Peking wissen MUSS, ist:

Eine grüne Ampel bedeutet GAR NICHTS!!!

Wenn man das nicht beherzigt, braucht man sich um die anderen Fragen überhaupt keine Gedanken mehr zu machen, weil man mit an Sicherheit grenzender Wahrscheinlichkeit direkt an der erstbesten Ampelkreuzung von einem gutgelaunten Chinesen überfahren wird. So wie ich – beinahe. Anders als bei uns wird in Peking nämlich auf Fußgänger nicht besonders viel Rücksicht genommen. Hier hält es der Chinese offensichtlich eher mit Darwin und dem Prinzip «Survival of the fittest» oder besser «Survival of the quickest».

Auf Pekings Straßen überlebt der Stärkere oder der, der eben am schnellsten zur Seite springt. Unser Inge hat mir erklärt, wie das genau funktioniert. Schaltet die Ampel für den Fußgänger auf Grün, starten einfach alle Verkehrsteilnehmer gleichzeitig und folgen einer ganz simplen Regel:

Wer größer ist, hat Vorfahrt,
und wer kleiner ist, das Nachsehen.

Das bedeutet in der Praxis:
Bus und LKW haben Vorrang vor dem PKW.
Der PKW hat Vorrang vor dem motorisierten Dreirad.
Das motorisierte Dreirad hat Vorrang vor dem motorisierten Zweirad.

Das motorisierte Zweirad hat Vorrang vor dem gewöhnlichen Fahrrad.

Zwischen Fahrrad und Fußgänger kommen dann noch Fußgänger mit Handkarren oder schnell verderblichen Lebensmitteln im Gepäck. Eine Sonderstellung nehmen Dreiräder ohne Motor ein. Im unbeladenen Zustand reihen sie sich zwischen Fahrrad und Motorroller ein, können aber mit zunehmender Beladung in der Verkehrsordnung aufsteigen. Schafft es so ein Dreirad, mit immer mehr Ladung auf die Größe eines kleinen Lastwagens anzuwachsen, werden es sich die meisten PKW-Fahrer zweimal überlegen, in der direkten Konfrontation auf ihr Vorfahrtsrecht zu pochen.

Wer also das mit der grünen Ampel und der chinesischen Verkehrs-Rangordnung nicht weiß, kann im Vorfeld den dicksten Reiseführer bis ins kleinste Detail komplett auswendig gelernt haben; wenn er dann in Peking an der Ampel voller Tatendrang bei Grün auf die Straße läuft ... patsch! – und alles war umsonst.

Hätte er die Zeit auch besser nutzen können und sich, was weiß ich, einen halben Tag mit 'nem Chinesen in die Schlange vor *Mustafa's Gemüse-Kebap* in Berlin am Mehringdamm stellen können – aber dafür ist es dann zu spät. Deshalb wollte ich das an dieser Stelle nur mal gesagt haben. Nicht, dass es nachher heißt: «Warum hast du denn nichts gesagt?» Immerhin ist dieses Buch ja auch so 'ne Art Reiseführer-Ratgeber-Bildband. Genauso wie ein Bekannter von mir auch so 'ne Art Arzt ist. Aber das ist eine andere Geschichte. Möp, möööp möp möp mö möööööööp ... «Aaarrrrrrrrrch-t!»

Nachdem ich mich also mit Hüftschwüngen und Hüpfsprüngen auf die andere Straßenseite gerettet habe, bin ich froh, dass die Shoppingmeile selbst eine Fußgängerzone ist.

Das Erste, was mir dabei auffällt: Ich bin komplett underdressed.

Die meisten Leute, die mir entgegenkommen, sehen aus, als hätte man sie mit «Copy/Paste» aus 'nem stylo Fashionblog rauskopiert und direkt hier auf den Laufsteg gebeamt. Ich mein, klar, auf'm Ku'damm in Berlin oder in Düsseldorf auf der Kö ist auch Fashionalarm, aber hier sind vor allem die jungen Leute noch einen Tick gestylter. Man hat Mut zu Farbe. Je knalliger, desto besser. Und das so konsequent.

Wie oft entdecke ich in Modezeitschriften coole Klamotten, Outfits und Styles, die auf den Fotos super rüberkommen, die man aber im Alltag so niemals anziehen würde, weil's ein-

Er hier kann es im Pekinger Verkehrsdschungel jederzeit mit einem Mittelklasse-Familienvan aufnehmen. Solange dieser keine verderblichen Lebensmittel an Bord hat; dann wird's kompliziert.

Wie Katie Melua schon richtig singt: «There are nine million bicycles in Beijing». Aber dummerweise nur ein Baum zum Anketten.

fach too much wäre. Das Problem haben die hier nicht. Knallgelber Falten-Minirock mit bauchfreiem Blouson-Top in rosa Mega-Plateau-Highheels, roter Oversize-Horn-Sonnenbrille und natürlich nie ohne die obligatorische Louis-Vuitton- oder Chanel-Handtasche.

Gerade noch lauf ich zwischen Gucci, Prada und McDonald's auf der First-Class-Shoppingmeile, und im nächsten Augenblick werden nur eine Ecke weiter frische Hühnerfüße in alten Weißblechdosen auf der Straße gekocht. Westlicher Einfluss und heimische Tradition liegen hier oft ganz nah beieinander.

Als ich also von der Prachtallee in eine der kleinen Seitenstraßen einbiege, scheint es, als wäre dort die Zeit stehengeblieben. Plötzlich finde ich mich mitten im bunten und lauten Marktgetümmel wieder, im wuseligen Treiben auf engstem Raum, unter Fähnchen, Drachen, Buddhas, Fächern und Winkekatzen.

Wenn man einfach seiner Nase folgt, landet man beim traditionellen chinesischen Fastfood.

Der Renner im Freibad.

«Mama!»
 «Ja?!»
 «Kann ich einen Skorpion am Stiel?»
 «Aber du hast doch gerade erst einen Seesternspieß verputzt. Iss erst mal deinen Pansen auf.»
 «Aber Pansen is langweilig, der bewegt sich gar nich.»
 «Mit Essen spielt man ja auch nicht! Und jetzt lass den Oktopus in Ruhe, der will das nich!»

Für den europäischen Gaumen teilweise vielleicht etwas gewöhnungsbedürftig, gibt es hier alles, was das chinesische Feinschmeckerherz höherschlagen lässt: Pansen, Skorpion am Stiel, Seestern am Spieß, Flugeidechse kross gegrillt, Hühnerherzen und auch Vögel in Ganz und in Sauce.
 Grundsätzlich heißt es hier, dass man alles essen kann, was

«Mama, kann ich einen Skorpion am Stiel?»

vier Beine hat, schwimmt oder fliegt – außer Tische, Boote und Flugzeuge.

Allgemein mag der Chinese offensichtlich sein Fleisch gerne am Stück, und zwar am größtmöglichen Stück, also am liebsten in der ursprünglichen Form zu Lebzeiten. Das macht auch durchaus Sinn, immerhin weiß man so halbwegs sicher, welchen Vertreter aus dem Dschungelbuch man da auf dem Teller vor sich hat. Im Gegensatz zur Gesichtswurst bei uns – da kann man sich ja nie ganz sicher sein, wer oder was einen da so happy angrinst.

Und wenn man's mal genau nimmt, ist ein Skorpion eigentlich ja auch nix anderes als ein kleiner Hummer oder 'ne Krabbe. Die wollen zwar auch nicht gegessen werden, gibt es aber bei uns an jeder Ecke als Brötchen oder Cremesuppe.

Und fragen Sie mal einen Chinesen, wie der die Idee findet, ein Schwein nach dem Tod klein zu häckseln und wieder in seinen eigenen Darm zu stecken. Also quasi «Schwein im Arsch».

«Guten Tag!»

«Guten Tag, was darf's sein?»

«Ich hätt gern ein Dutzend ‹Schwein im Arsch›. Die Nachbarn kommen zum Grillen.»

«Gerne. Und sonst noch? Wie wär's mit der Gesichtswurst?»

«Hörn Se bloß auf, der kommt auch ...»

Tja, Geschmäcker sind nun mal verschieden. Und gerade deswegen spiele ich mit dem Gedanken, einfach mal so einen Skorpionspieß zu probieren. Reisen soll ja auch bilden. Und ich möchte meinen Horizont erweitern und mich ein Stück weit an die Gepflogenheiten vor Ort anpassen, selbst wenn ich dafür über meinen vegetarischen Schatten springen muss ... Und was soll schon groß passieren?

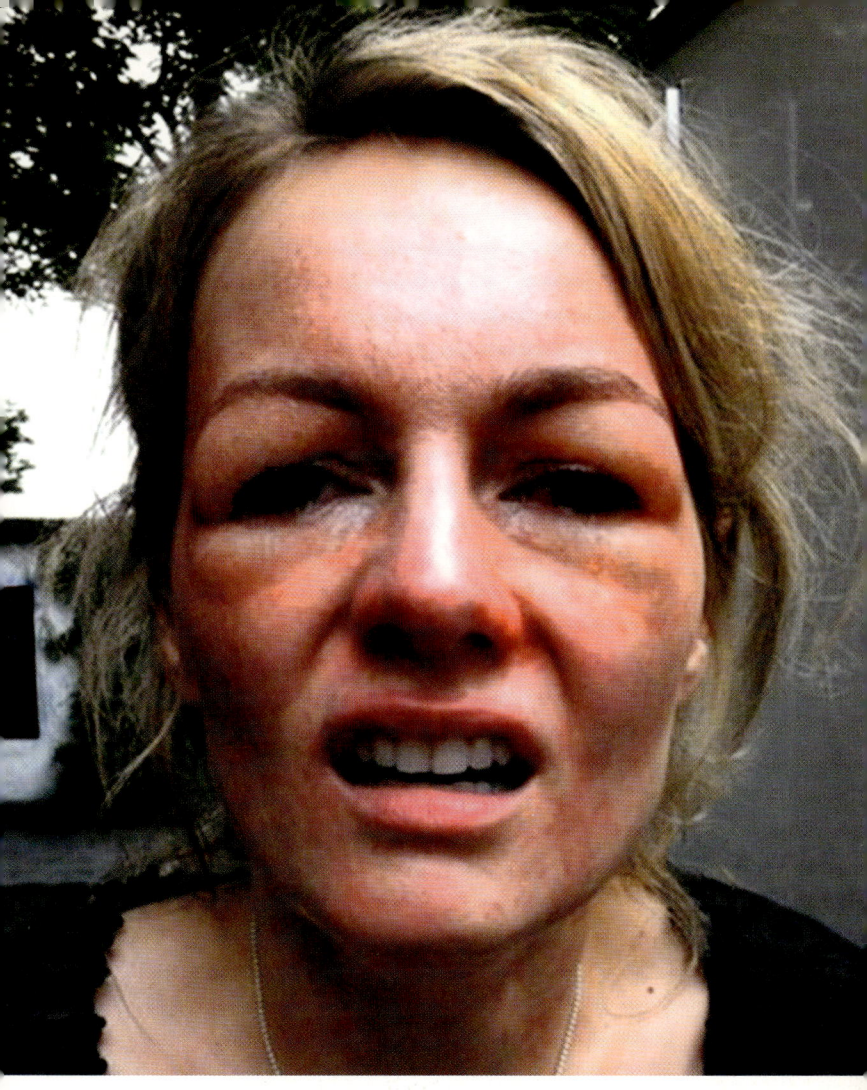

Auweia! Offensichtlich habe ich eine Skorpionintoleranz. So 'n Ärger aber auch. Das wusste ich bisher gar nicht. Verdammt! Da werde ich in Zukunft wohl auf eine skorpionfreie Ernährung umsteigen müssen. Zum Glück gibt es ja heutzutage skorpionfreie Milch und Käse fast in jedem Supermarkt.

Allerdings muss man als Allergiker immer auf der Hut sein. Die können ja leicht «skorpionfrei» draufschreiben. Und wenn man dann genau hinguckt, steht da plötzlich doch im Kleingedruckten auf der Rückseite «Kann Spuren von Nüssen, Soja und Skorpionen enthalten». Das Problem wird mir bei uns in Deutschland einfach zu sehr auf die leichte Schulter genommen.

In Zukunft werde ich sicherheitshalber bei jeder Bestellung im Café immer noch mal nachfragen: «Da ist jetzt aber wirklich kein Skorpion drin, in meinem Latte macchiato, oder?» Is mir auch egal, wenn die Leute dann doof gucken. Da nehme ich gerne eine Vorreiterrolle ein.

Sie werden übrigens nicht glauben, wo überall gar kein Skorpion drin ist. Unter www.skorpionfrei.de habe ich deswegen Tipps und Rezepte für eine skorpionfreie Ernährung zusammengestellt, die jeder zu Hause ganz einfach und ohne großen Aufwand nachmachen kann. Surfen Sie doch beim nächsten Mal vorbei. Nicht immer nur Facebook und YouPorn. Auch mal was für die Umwelt tun. Dort finden Sie eine Liste mit tollen Produkten, die absolut skorpionfrei sind und trotzdem im Geschmack kaum zu unterscheiden.

Gute Nacht. «Uan an!»

Was mach ich hier eigentlich?
Uou chijenn tsä tschinn tsä u fä schio schi sche tschiä ne!

Meine dritte Nacht in China liegt hinter mir, und ich könnte schwören, ich habe bereits auf Chinesisch geträumt. Das geht bei mir ganz schnell.

In dem Traum konnte ich fliegen und fließend Mandarin sprechen. Dafür aber kein Deutsch mehr, was in dem Fall ziemlich beknackt war, weil ich in meinem Traum nämlich gar nicht in China war, sondern in Köln. Und zwar mitten im Studio der *heute-show*.

Vor laufenden Kameras und einem gespannten Publikum konnte ich die Fragen von Oliver Welke nur auf allerfeinstem Hochchinesisch beantworten.

Und immer, wenn ich nicht weiterwusste, hab ich einfach den Kranich-Move aus *Karate Kid* gemacht. Zugegeben dürftig in der Ausführung, aber dafür immerhin im *SpongeBob*-Schlafanzug.

Zum Glück wurde ich aus dieser peinlichen Situation vom Wecker wieder in die Realität geholt – in der mich hier jetzt allerdings auch keiner versteht.

Chinesisch zu können wäre für den heutigen Drehtag geradezu perfekt. Wie war noch mal mein Text?

«*Uou chijenn tsä tschinn tsä u fä schio schi sche tschiä ne!*» und «*Mey guan chi!*». Na, das kann was geben!

Unser Inge holt mich ab und wird mir heute den Tag über wieder in allen Chinesisch-Fragen zur Seite stehen. Auf der Fahrt zum Sender übe ich mit ihr im Auto noch mal die Aussprache meiner Sätze. «*Mey guan chi*» klappt schon mal super.

Als wir unser Ziel erreichen, heißt es für mich, wie zu Beginn eines jeden Drehtages, zuallererst: Ab in die Maske! Ich begrüße die Maskenbildnerin, bedanke mich noch mal ganz herzlich für die Feuchtigkeitsmaske, setze mich in den Stuhl vor den Spiegel und schließe die Augen.

Sofort beginnt sie, mir ganz sanft das Make-up aufzutragen, und ich nutze die Gelegenheit, um mich kurz dem Jetlag hinzugeben und in Gedanken immer wieder meinen Text durchzugehen. Ich kann nämlich sehr wohl schlafen und Text lernen gleichzeitig. Ich bin sozusagen auch so 'ne Art Multitasking-Talent.

Als ich die Augen wieder öffne, muss ich erst mal blinzeln. Ich bin geblendet von meinem Teint. Schneewittchen is 'ne Solariumbraut gegen mich!

Die Maskenbildnerin hat es gut gemeint und mir einen traumhaften Porzellan-Teint geschminkt. Vornehme Blässe gilt hier in China nämlich als absolutes Schönheitsideal. Anders als bei uns, wo Blässe eher für Computer-Nerds und Eisenmangel steht und eine gepflegte Solariumbräune dagegen einen Zweitwohnsitz auf den Balearen und damit Wohlstand suggerieren soll. Hier in China suggeriert Bräune allerdings, dass man draußen in der Sonne arbeiten muss – und das nicht unbedingt als Bademeister im Freibad. Viele Cremes und Make-ups enthalten sogar extra hautbleichende Substanzen.

Zum Glück ist das bei mir nicht nötig, weil ich von Natur aus eh so 'n blasser Typ bin. Aber mit dem Make-up jetzt sehe ich aus wie eine von den Vampir-Tussis aus *Twilight* – und zwar wie eine, der es grad gar nicht gutgeht.

Mit ein wenig Rouge und Lippenstift springe ich dem Untoten-Look noch einmal von der Schippe und dann in mein Kostüm.

Wir fahren direkt ans Set – eine Bushaltestelle ganz in der Nähe. Zwischen den vielen Komparsen, dem riesigen Team und jeder Menge Schaulustiger komme ich mir das erste Mal in meinem Leben irgendwie exotisch vor.

Hier herrscht reger Betrieb an allen Ecken und ein ordentlicher Lautstärkepegel. Wo ist denn unser Inge? Die ist irgendwie untergegangen, ich kann sie nirgends sehen. Mein Gott, haben die hier ein Tempo drauf. Vielleicht liegt das aber auch nur an meiner jetlagverschobenen Wahrnehmung. Wie war noch mal mein Text? Äh …? Keine Ahnung, vergessen.

«Inge!??»

«Ssssri, thuu, wuann – Äähhkschn!»

Ich so: «Was?»

Inge so: «Ja?»

Er so: «Khatt!»

Gar nicht mal so schlecht für den ersten Take. Und dass unser Inge jetzt ins Bild gelaufen ist, fand ich persönlich nicht schlimm. Ich glaub, der Regisseur ist auch ganz zufrieden. Sein Kopfschütteln und Haareraufen interpretiere ich jedenfalls als absolute Begeisterung!

Ähnlich wie bei *Knallerfrauen* wird auch dieser Sketch nur in einer einzigen Kameraeinstellung gedreht. Das spart auf der einen Seite die Kameraumbauten, bedeutet aber auch, dass die ganze Szene damit ein sogenannter One Shot ist. Das heißt, vom Anfang bis zum Ende der Szene muss alles perfekt klappen, weil man ja keine einzelnen Einstellungen gedreht hat, die man dazwischenschneiden könnte.

Das bedeutet in diesem Fall, ich trete Da Peng zehnmal auf den Fuß und knalle den Komparsen zehnmal an die Laterne. Es gibt mit Sicherheit bessere Wege, sich Freunde zu machen.

Und weiter geht's:

«Ssssri, thuu, wuann – Äähhkschn!!!»

Was mach ich hier eigentlich?
Erst mal Mittag!

«Khatt!»

Der Sketch ist im Kasten, und was nun folgt, ist die mit Abstand bemerkenswerteste Mittagspause, die ich bei einem Dreh bisher erleben durfte. Man muss dazu wissen, dass bei uns in Deutschland das Catering normalerweise mit am Set ist und man in der Regel dort Mittagspause macht, wo man gerade dreht. Das kann auch schon mal direkt an der Straße sein oder mitten im Wald – je nachdem.

Die chinesischen Kollegen von der Produktion haben sich dagegen für diesen Drehtag etwas ganz Spezielles einfallen lassen, und ich steige mit Da Peng, Mr. Ma, der Regieassistentin und unser Inge in den Shuttle-Bus.

«Wir fahren zu einem ganz besonderen Restaurant», freut sich unser Inge. Und ich mich auch. Ich habe nämlich irgendwie das Frühstück verpasst, und nach meinem aktuellen Biorhythmus wär jetzt so langsam Zeit – also fürs Frühstück. Oder fürs Abendbrot? Bin ich mir jetzt nicht ganz sicher.

Wir fahren ein gutes Stück raus aus dem Businessviertel, bis es ein wenig ländlicher wird. Von der Hauptstraße biegen wir in eine kleine Seitenstraße ab, die uns durch ein Tor in einen kleinen Hof führt, wo wir das Auto parken. Von dem kleinen Hof geht es dann zu Fuß durch ein zweites Tor in einen großen, wunderschönen Garten. Ist das herrlich hier! Vögel zwitschern, der Wind raschelt friedlich in den Blättern, ein Bächlein plätschert, und auf dem ganzen Areal verteilt stehen kleine hübsche alte Holzpavillons, rot und golden gestrichen.

Überall huschen Frauen und Männer in goldenen Gewändern und mit prächtigen Kopfbedeckungen zwischen den Pavillons hin und her. Ich fühle mich an den Film *Der letzte Kaiser* erinnert. Da wimmelte es auch nur so vor aufwendigen Roben und schönen Kostümen. Wahrscheinlich haben die hier vom Restaurant seinerzeit die Kostüme aus dem Fundus vom Film günstig geschossen. Weil – was hätten die vom *Letzten Kaiser* sonst mit den ganzen Kostümen nach Drehschluss machen sollen? Aufbewahren? Für *Der letzte Kaiser Teil 2 – Jetzt aber wirklich der allerletzte?* Macht ja keinen Sinn.

Wir werden zu einem kleinen Pavillon geführt, in dem für uns ein großer runder Tisch hergerichtet und mit feinstem chinesischem Porzellan gedeckt wurde. Nachdem wir unsere Plätze eingenommen haben, bekommen wir zur Begrüßung feuchte, angenehm duftende, warme Tücher gereicht, um uns damit die Hände vor dem Essen zu reinigen. Alles ist so hübsch und perfekt dekoriert, und das Personal bewegt sich ganz geschmeidig und langsam in den kostbaren Gewändern. Es wird auch nur ganz leise gesprochen.

So muss das damals gewesen sein, zu Kaiserzeiten.

Bei der Bestellung allerdings holt's mich schlagartig wieder ins Hier und Jetzt. Anstatt einer kunstfertig gestalteten Speisekarte auf einer Rolle oder feinem Pergament, passend zum Ambiente, hält mir die Hausdame mit den seidenen Schmetterlingsärmeln ein iPad vor die Nase, auf dem ich mir mein Essen aussuchen

kann, indem ich einfach die Fotos anklicke. Erstaunt schaue ich in ihr hübsches Pekingoper-geschminktes Gesicht und entdecke jetzt auch das Bluetooth-Headset in ihrem linken Ohr. Die perfekte Verbindung von Tradition und moderner Technik. Das haben die hier echt drauf. Quasi wie Rikscha fahren mit Navi und Einparkhilfe.

Genau in dem Stil geht es auch weiter. Vor dem Essen präsentieren uns drei Tänzerinnen, ebenfalls in aufwendigen, hübschen Kostümen, einen traditionellen, ziemlich kunstfer-

tigen Fächertanz. Und den Anfang bekommen wir sogar gleich zweimal präsentiert. Weil dem Akku vom MP3-Player, mit dem die Musik eingespielt wird, der Saft ausgeht und erst mal ein Ladegerät gesucht werden muss.

Das nimmt dem Ganzen für den Moment ein wenig den Zauber, tut aber der Stimmung keinen Abbruch. Ist jetzt nicht so schlimm, wie wenn bei den Ritterspielen die Stereoanlage mit dem *Herr der Ringe*-Soundtrack verreckt. Dann stehen da nämlich plötzlich nur noch Nerds in Sägespänen, die sich zwischen *Wacken* und *World of Warcraft* mit 'nem stumpfen Schwert auf'n Kopp hauen. Muss man mögen.

Aber nichtsdestotrotz ist die Tanzeinlage sensationell, und jedes Mal, wenn die drei Fächer aufgeschlagen werden, knallt es so laut, dass unser Inge und ich zusammenzucken.

Meinen überhaupt allerersten Kontakt mit chinesischem Essen verdanke ich übrigens einem Onkel aus Amerika. Von dem hat meine Mutter damals immer Reis in Beuteln bekommen und später dann auch Gläser mit süßsaurer Sauce und so eingekochtem Gemüse drin. Onkel Opel hieß der, glaub ich. Oder Audi? Auf jeden Fall wie 'n Auto. Über welche Ecken wir jetzt genau verwandt sind, müsste ich meine Mutter noch mal fragen.

Ah, das Essen kommt! Und da kommt noch mehr. Und noch mehr. Und noch viel mehr! Wer soll das alles essen?
Ich gucke fragend hoch zu unser Inge, die den dritten Windbeutel schon intus hat.
Das Essen ist super!
Es gibt alles Mögliche an Gemüse, Pilze, Spargel, dampfgegartes Maisgebäck, Bohnen, Salat und Gemüse, das ich noch nie gesehen habe, und noch vieles mehr. Alle Speisen werden in die Mitte des runden Tisches auf eine drehbare Glasscheibe gestellt, sodass sich jeder von jedem nehmen kann.
Und anstelle von Glückskeksen gibt es gedämpfte Teigtaschen mit unterschiedlichen Fruchtfüllungen. Je nach Füllung sollen sie entweder Glück, Gesundheit oder Reichtum bringen. Im Chinesischen spielen Symbole eine große Rolle, erklärt mir unser Inge. Gerade für Glück gibt es viele Symbole. Aber auch ganz schön viele für Reichtum. Da scheint der Chinese dann doch sehr viel Wert drauf zu legen. Schon witzig – für'n Kommunisten.
Gemeinsam mit unser Inge esse ich zur Sicherheit alle Glücksdampfnudeln auf. Man kann ja nie wissen. Dabei ist mir auch egal, dass ich im nächsten Sketch schon wieder essen muss. Ich kann nicht anders, es ist einfach zu lecker.

Was mach ich hier eigentlich?
Ich wage einen Blick in die Zukunft.

Nach dem Essen geht es für uns alle ans nächste Set, und wir fahren wieder ein Stück in die Stadt hinein.

In dem Sketch, den wir jetzt drehen, geht es um einen Wahrsager, der auf der Straße seine Dienste anbietet. Das gibt es hier nämlich wirklich noch. Quasi wie Astro TV, zum Anfassen und ohne Telefonabzocke.

Die Straße zum Drehort wirkt auf mich wie eine Grenze zwischen Alt und Neu. Auf der linken Seite eine riesige Baustelle mit unzähligen modernen, noch unbewohnten Hochhäusern, die in den Himmel ragen und alle exakt gleich aussehen, auf der rechten Seite kleine, alte Backsteinhütten mit Blechdächern.

«Das nennen wir Dörfer in der Stadt», klärt mich unser Inge auf.

Wir biegen rechts ab und fahren weiter in eines der «Dörfer in der Stadt». Auch wenn die Häuser kleiner und etwas windschief sind und die Straße nicht asphaltiert ist, gibt es alles, was man braucht. Verschiedene kleine Geschäfte, Handyläden und sogar Apotheken.

Mein Kostüm für die folgende Szene ziehe ich in einer kleinen Wäscherei an, die maximal drei mal drei Meter groß ist und eine so niedrige Decke hat, dass ich den Pullover nur im Sitzen über den Kopf gezogen bekomme. Die Luft in dem kleinen Raum ist heiß und feucht, und auf einer ausrangierten Waschtrommel sitzt eine alte Frau und guckt mir schmunzelnd beim Umziehen zu. Als ich es endlich geschafft habe, mich in den olivgrünen Watte-Wärme-Anzug zu zwängen, applaudiert sie und lacht mich zahnlos an. Die fragt sich doch bestimmt auch: «Was macht die hier eigentlich?»

Es wirkt ein bisschen so, als ob der Fortschritt und die moderne Welt es nur bis an die linke Straßenseite geschafft haben und auf irgendwas warten. So was wie 'ne Ampel oder einen Zebrastreifen.

Ach guck an. So 'ne Art Tante-Emma-Laden, nur ein bisschen windschief. Hier gibt's alles, was man so braucht. Inklusive Schüssel und Schlappen.

Ich schwitze, fühle mich dafür aber schlagartig mit hellseherischen Kräften ausgestattet.

Die Regieassistentin bringt mich zum Drehort, der unterdessen die Aufmerksamkeit des gesamten Viertels auf sich gezogen hat. Und es scheint auch grad Schulschluss zu sein, denn überall stehen kleine Kinder in orangefarbenen Schuluniformen um uns rum.

Was passiert in dem Sketch? Nun, ein chinesischer Wahrsager bietet seinen Service neuerdings auch auf Deutsch an. Weil er aber selbst kein Deutsch spricht, verweist er seine deutschsprachigen Kunden an mich als seine neue Geschäftspartnerin. Als dann der erste kommt, mach ich allerdings blöderweise grad Mittagspause, was ich meinem Geschäftspartner selbstverständlich auf Chinesisch zurufe. Und jetzt komm ich:

«Uou chijenn tsä tschinn tsä tsizze tschitsche chio chips …»

Dass ich dabei noch ein Dampfbrot kauen muss, macht die Sache für mich nicht gerade einfacher.

«Uou chijenn tsä tschinn tsä ts ts ts chio? Chio chips …», versuch ich's noch einmal, aber sosehr ich mich auch bemühe, der Satz

ist einfach zu kompliziert für mich als Chinesisch-Anfängerin. Da war ich wohl etwas zu optimistisch. Zum Glück ist das aber kein Problem, und ich bekomme einfach einen neuen Satz, der für mich leichter zu sprechen ist, aber wohl ungefähr das Gleiche bedeutet:

«Hau ba ueh lai le.»

Viiiiiel besser für mich! Jetzt klappt's auch mit'm Dampfbrot.

Der letzte Sketch spielt dann im Bürogebäude des Senders, und von der Lehmstraße und den windschiefen Hütten geht es wieder zurück in die Welt der Flatscreens und Apple-Notebooks.

«Guten Abend!»
«Guten Abend!»
«Was machen Sie hier eigentlich?»
«Witzig, dass Sie mich das fragen. Das frag ich mich nämlich auch die ganze Zeit.»

Was mach ich hier eigentlich? 'ne Runde Kuscheln.

Nach der Rückkehr zum Hotel spring ich schnell unter die Dusche. Ich will heute unbedingt noch mal raus und mir Peking bei Nacht anschauen. Es ist herrlich warm, und da wir morgen später anfangen zu drehen und ich eben auf der Fahrt durch das Leuchtreklamen-Lichtermeer gesehen habe, dass die Geschäfte noch aufhaben, bin ich kaum zu halten.

Ich laufe wieder gen Einkaufsstraße, biege dann aber doch nicht in die Shoppingmeile ein, sondern einfach in die entgegengesetzte Richtung, raus aus dem Zentrum.

Die Straßen werden von Kreuzung zu Kreuzung immer kleiner, dafür aber auch immer voller, wuseliger, lauter, bunter und lebendiger. Kleine Geschäfte reihen sich aneinander, und auch auf der Straße haben fliegende Händler ihre Stände aufgebaut. Von Decken, kleinen Klapptischen und teilweise direkt aus dem Kofferraum heraus bieten sie ihre Waren an. Wenn man so will, quasi ein einheimischer Handwerkermarkt. Hier wird noch Wert auf regionale Produktion gelegt – alles ist «Made in China».

Kleiner Tipp von mir: Für das optimale Kuschelerlebnis vorher aus der Plastikverpackung nehmen.

Es gibt die komplette Palette an Krimskrams: blinkende LED-Stäbe, LED-Taschenventilatoren, LED-Kerzen, LED-Handyhüllen, LED-Plastikblumen, Scherzartikel, Spielzeug nebst Parfum und Nagellacken und sogar den Kölner Dom als Origami-Postkarte. Kein Witz. Im Schaufenster eines der Geschäfte entdecke ich dann diese eingeschweißten Kuschelfreunde hier auf dem Foto. (Besser als eingekuschelte Schweißfreunde. Muhahaha …)

Worüber denkt E.T. wohl grade nach?

A: Wer hat denn hier einen fahren lassen? Ach so … selber schuld.
B: Was mach ich hier eigentlich?
C: Wie lange kann ich mit der Plastiktüte überm Kopf die Luft anhalten?
D: Ob Spielberg wohl weiß, dass ich hier bin?
E: Wo ist eigentlich Alf? Der wollt doch nur kurz mit Hello Kitty was essen gehen.

Wenn ich mir von den Plüschtieren eines aussuchen dürfte, würde ich eines von den Monchichis nehmen. Monchichis kommen eigentlich gar nicht aus China, sondern ursprünglich aus Japan. Aber E.T. wohnt ja auch nich grad um die Ecke und SpongeBob in Bikini Bottom. (Is ganz schön da – aber nach zehn Tagen reicht's auch.) Also «wenn» ich eines von den Plastiksack-Gesichtern mitnehmen dürfte, würde ich ein Monchichi nehmen. Warum?

Nun, ich will es Ihnen erzählen …

Folgen Sie mir in den Winter des Jahres 1978 nach Berlin. Ein eiskalter Schneesturm tobt durch die verlassenen Straßen. Die meisten Menschen sitzen daheim, gemütlich in der warmen

Wohnung. So auch ich. Es ist Heiligabend. Dicke Schneeflocken fallen vom Himmel und schmelzen an der Fensterscheibe meines Kinderzimmers. Auf dem Schallplattenspieler läuft *Elliot, das Schmunzelmonster*, und in der ganzen Wohnung riecht es nach Zimt, Nelken und frisch gebackenen Keksen. Aus der Küche höre ich meine Mutter besinnlich rufen: «Dieter! Wo sind denn die Kack-Topflappen für das verkackte Kuchenblech?»

Ehrfürchtig sitze ich also mit meinen vier Jahren und meiner kratzenden Strumpfhose an diesem feierlichen Abend in meinem Kinderzimmer und warte auf die Bescherung und ... den «Weiner-Mann». Ja richtig, den «Weiner-Mann». Zu «Weiner-Tenn» kommt der «Weiner-Mann» – ist doch logisch. Den hab ich schon immer so genannt und sehe überhaupt nicht ein, warum das plötzlich falsch sein soll. Außerdem weiß doch jeder, wer gemeint ist. Wie auch immer – ich warte.

Die Türchen von meinem Adventskalender hatte ich vorsorglich schon alle am ersten Dezember geöffnet und die Schokolade dahinter aufgefuttert. «Carpe diem» war schon damals mein Motto. Nachher wirst du am zweiten Dezember vom Bus überfahren, und zurück bleiben zweiundzwanzig Stück Schokolade, die dann aus Pietätsgründen keiner mehr essen will. Wär doch schade drum.

So hatte ich also am ersten Dezember Bauchschmerzen und am zweiten keine Schokolade mehr. Aber zum Glück hatte meine Schwester den gleichen Adventskalender bekommen und wunderte sich von da an jeden Tag aufs Neue, warum keine Schokolade hinter ihren Türchen war. Ich konnte sie dahingehend beruhigen, dass auch in meinem keine Schokolade zu finden sei. Ganz offensichtlich handle es sich hierbei um eine Übung in Bescheidenheit, und sie solle sich was schämen, dass sie so oberflächlich und gierig sei. Wenn das der Weiner-Mann mitkriegt. Immerhin sei das ja auch so 'ne Art Fest der Liebe und nicht das Fest der verfressenen Kinder.

Jedenfalls saß ich immer noch in meinem Zimmer und wartete auf die Bescherung. Und eigentlich bin ich die ganze Zeit davon ausgegangen, dass ich meinen Eltern unmissverständlich klargemacht hätte, wie diese auszusehen hat. Immerhin war ich bereits vier und ging schon in den Kindergarten und hatte dadurch mittlerweile genug Informationen sammeln können, um in diesem Jahr nicht zum wiederholten Male die Bescherung dem Zufall zu überlassen. Bringt ja keinem was. Und dem Weiner-Mann am allerwenigsten. DER hat ja dann die Rennerei, wenn's ans Umtauschen geht. Also hatte ich im Vorfeld meine Eltern mehrfach – teilweise durch die Blume, größtenteils aber in aller Deutlichkeit – darauf hingewiesen, was ich mir dieses Jahr zu Weiner-Tenn vom Weiner-Mann wünsche.

Die Liste war absolut überschaubar: ein Puppenwagen, Malstifte und ein Äffchen. Also kein echtes, sondern eines von diesen süßen kleinen, die am Daumen nuckeln können – eben ein Monchichi. Ähnlich wie das neben E.T. auf dem Foto. Als ich nämlich damals kurz vor Weiner-Tenn das erste Mal eines von diesen daumennuckelnden Äffchen mit den Sommersprossen und den roten Bäckchen gesehen hatte, war es um mich geschehen.

Und jetzt raten Sie mal, was Heiligabend 1978 unterm Weiner-Baum fehlte.

Als Kind habe ich meiner Enttäuschung ziemlich direkt Ausdruck verliehen. Das macht man ja dann als Erwachsener nicht mehr so oft ... Es sei denn, die Pumps gibt es nicht mehr in meiner Größe, dann sieht das auch heute bei mir noch genau so aus. Dass sich meine Mutter netterweise extra schnell eine Monchichi-Frisur gemacht hatte, war nur ein schwacher Trost für mich.

Zu Mülleimer sage ich übrigens bis heute auch «Müll-Ei-Mann». Da bin ich konsequent.

Fragen Sie doch mal Ihre Eltern, wie Sie so als Kind zu manchen Dingen gesagt haben, und ziehen Sie das einen Tag lang durch. Verlangen Sie auf der Arbeit doch einfach mal nach einem «Tifft». Oder im Restaurant nach einer frischen «Tatte Katte». Das bringt Stimmung in die Bude!

Nun denn. Leider hat der Stofftierladen schon geschlossen, sonst hätte ich mir so ein Monchichi auch nicht gekauft. Der Zug ist abgefahren. Kann sich die Monchichi-Industrie mal schön beim Weiner-Mann bedanken.

«Arrrrrch-t!»

Auf dem Nachhauseweg habe ich heute Abend übrigens einen Trend beobachtet. Und zwar so 'ne Art Flitzer-Trend: Männer, die auf der Straße stehen und gehen und ihr Hemd oder T-Shirt bis knapp unter die Brust hochgezogen haben und stolz ihren Bauch präsentieren.

Aber vielleicht hat das irgendwas mit Feng-Shui zu tun, und die Bauchenergie muss abfließen. Oder es ist wie mit den Buddha-Figuren bei uns vorm Chinarestaurant. Da heißt es ja, es würde Glück bringen, wenn man den Bauch streichelt.

Von der Theorie kann ich mich allerdings verabschieden. Hat mir in diesem Zusammenhang kein Glück gebracht, sondern nur verständnislose Blicke.

Ich habe unser Inge dann später mal gefragt, was das mit dem Bauchfrei bei Männern hier auf sich hat. Ob das gerade Mode sei oder ein tieferer philosophischer oder fernöstlicher medizinischer Aspekt dahinterstünde. Sie zuckte mit den Schultern und sagte: «Vielleicht ist denen einfach nur warm ... ahahahahaha!?» – oder so.

Toll war er, mein erster Drehtag in Peking. Und morgen ist ja auch noch einer.

«E.T. nach Hause flanieren.»

Ich sag: Gut' NaArrrrrch-t!

Was mach ich hier eigentlich?
So 'ne Art Dirty Dancing.

Heute Nacht habe ich totalen Quatsch geträumt. Ich hatte die Monchichi-Frisur meiner Mutter und wollte immer am Daumen nuckeln, aber der war aus Plastik und hat im Dunkeln geleuchtet. Und wer war schuld daran? Der Weiner-Mann!

Wieder hab ich kaum geschlafen. Als der Wecker geklingelt hat, war ich gerade eine Minute zuvor das erste Mal so richtig in die Tiefschlafphase gerutscht. Ich bin ganz schön gerädert. Mein Schlafrhythmus ist immer noch komplett neben der Spur.

Irgendwie passend, dass der heutige Drehtag auch noch direkt mit einem Sketch beginnt, der in der Nacht spielt. Was bedeutet, dass ich den ganzen Tag keine Sonne zu Gesicht bekomme. Das wiederum passt ganz gut zu meinem *Vampire Diaries*-Look. Die Maskenbildnerin hat mal wieder ordentlich die Puderquaste geschwungen und mir diesmal nicht nur einen herrlichen Teint und blutrote Lippen verpasst, sondern auch Wimpern, mit denen man einen Deckenventilator bremsen könnte.

Wir starten mit dem Dreh am frühen Nachmittag. Die Fenster der Bar werden dazu kurzerhand mit schwarzem Stoff abgehängt. Draußen ist es also sonnig und herrlich warm, drinnen düster und herrlich heiß.

Aber warum fangen die dann erst am Nachmittag an, wenn sie die Nacht sowieso nur simulieren, werden Sie sich fragen. Nun, weil später der zweite Teil des Sketches bei Nacht in der Stadt auf einem großen Platz unter freiem Himmel spielen soll – und so viel schwarzen Stoff haben die nicht.

Ein Fake-Nachtdreh ist für den Körper gefühlt auch immer so 'ne Art Jetlag, weil ihm tiefste Nacht vorgegaukelt wird, obwohl eigentlich helllichter Tag ist.

Da trifft jetzt also mein Köln-Peking-Jetlag auf den Fake-Nachtdreh-Jetlag.

«Guten Tag! Darf ich vorstellen, das ist mein mir unterdessen ans Herz gewachsener Köln-Peking-Jetlag, den hab ich jetzt seit drei Tagen, und wir sind einfach unzertrennlich und verbringen Tag und Nacht zusammen.»

«Freut mich, angenehm. Ich bin der Fake-Nachtdreh-Jetlag. Wenn Sie nichts dagegen haben, würde ich mich Ihnen heute gerne anschließen. Ich häng mich einfach hier so an Ihre linke Körperhälfte.»

«Sie müssten aber wirklich links bleiben, weil, an meiner rechten Seite hängt ja schon der Köln-Peking-Jetlag.»

«Selbstverständlich! Sie können sich auf mich verlassen, ich bin Profi. Ich hab da bei uns dreien ein super Gefühl. Sie werden mich kaum bemerken.»

«Machen Sie sich deswegen keine Gedanken. Ich merk eh nichts mehr.»

«Uff!»

«Hey, ich hab 'ne Idee. Wir nennen uns wie 'n chinesischer Klavierspieler: Läck Läck.»

«Weiß nich, das könnte falsche Assoziationen wecken, meinen Sie nicht?»

«Na und? Sex sells.»

«Wie findet ihr denn Jetlag Five? (Singt zur Melodie von «ABC» von den Jackson Five) J-E-T...»

«Aber wieso denn Five? Wir sind doch nur ...»

«Ssssri, thuu, wuann – Äähhkschn!»

Oh Gott ... Ich bin mal gespannt, wie die beiden sich vertragen. Vielleicht hab ich Glück, und die lösen sich auf, ich mein, minus mal minus ergibt ja auch plus.

Der Dresscode für den Sketch lautete klassisch elegant. Halt ausgehtauglich.

Hätte ich gewusst, dass der Hauptdarsteller ein altes Hemd von Jürgen von der Lippe aufträgt, hätt ich mich besser in eine Blümchentapete eingewickelt.

In dem Sketch geht es darum, dass ich von Da Peng in der Bar angesprochen werde, er mir Komplimente macht und mutmaßt, dass ich eine Tänzerin sei. Ich gebe mich geschmeichelt und ihm recht. Ja, ich bin eine Tänzerin, und wenn er will, können wir jetzt direkt zusammen tanzen gehen. Woraufhin er begeistert mit mir loszieht.

Was er nicht weiß, ist, dass ich mit ihm nicht in irgendeine coole Disko gehe, sondern auf den Marktplatz zum Rentnertanz. So hatte sich das bunte Flirthemd den Verlauf des Abends sicher nicht vorgestellt.

Dazu muss man wissen, dass es diese Rentner-Tanztreffen hier in Peking tatsächlich nahezu an jeder Ecke gibt. Sobald es dunkel wird, sammeln sich auf fast allen größeren Plätzen oder vor Einkaufszentren zumeist ältere Leute, schmeißen den Ghettoblaster an und tanzen gemeinsam zu lauter Musik gymnastisch anmutende Choreographien. «Die tanzenden Omas» werden sie hier genannt, erklärt mir unser Inge. Das finde ich super!

Die Rentner hier sind eh sehr gesellig und vor allen Dingen ganz schön beweglich unterwegs. Morgens macht man Tai-Chi im Park, und abends hottet man gemeinsam ab. Zumindest so lange, bis sich die Jugend beschwert: «Ruhe da unten! Andere Leute müssen morgen arbeiten», und mit Wasserbomben wirft.

Ist echt kein Witz. Die Dancefloor-Party-Rentner übernehmen hier die neue Rowdy-Funktion. Man schätzt, dass dieses Hobby über hundert Millionen Menschen im Land betreiben.

Was mach ich hier eigentlich?
Ich hab 'n Gig.

Nachdem wir den ersten Teil des Sketches in der Bar abgedreht haben, geht es jetzt für den zweiten Teil, die Tanzeinlage, mitten in die City. Das Set ist auf dem Vorplatz eines großen Einkaufszentrums aufgebaut, und eine echte Rentner-Tanzgruppe mit über 30 Tänzerinnen und Tänzern ist schon positioniert und wartet auf ihren Einsatz. Ich schlüpfe im Auto schnell wieder ins Kleid, das ich für die Mittagspause sicherheitshalber ausgezogen habe. Ich bin nämlich so 'ne Art Tollpatsch, und bevor ich das Kleid vollkleckere, klecker ich lieber meine Privatklamotten voll – die kennen das nicht anders.

Von den Scheinwerfern sind unterdessen auch jede Menge Passanten angelockt worden, hier ist ganz schön was los.

Ich werde durch die Menschenmenge in das Innere des Einkaufszentrums gebracht, wo der Vortänzer der Oma-Tanzgruppe bereits mit seinem kleinen Kassettenrekorder auf mich wartet.

Hier, zwischen Apple-Store und Reisebüro, übe ich also mit ihm die Tanzschritte für die Sketch-Choreographie ein. Viel Zeit bleibt mir nicht, und selbstverständlich sind auch wieder die Jetlag Five mit von der Partie. Und die sind offensichtlich keine Tanzband.

Ich habe doch einige Mühe, mir die Abfolge einzuprägen.

Der Tanz ist eigentlich relativ unschwer, aber in der Eile und um die Uhrzeit fällt es mir dann doch nicht ganz so leicht, der Sportskanone vom alten Eisen hinterherzukommen. Schließlich soll es ja so aussehen, als ob ich schon ewig mit der coolen Truppe tanze und es so richtig draufhabe.

Hab ich aber nicht. Aber darauf kann ich keine Rücksicht nehmen, denn jetzt heißt es «Kompetenz vortäuschen bei absoluter Ahnungslosigkeit». Und wie es der Zufall beziehungsweise der Regisseur so will, stehe ich mit meinen Jetlag Five direkt in der ersten Reihe. Die Musik setzt ein, und es geht los ... **YET!**

Es klappt doch besser, als ich dachte. Auf hohen Hacken und in meinem kleinen schwarzen Disko-Outfit hotte ich mit der Rentner-Combo ab, und wir haben richtig Spaß zusammen! Bollywood in China. Und ich mit den Jetlag Five mittendrin. Leider geil!

Die Nummer ist im Kasten, aber weil's so 'n Spaß macht, tanzen wir fürs Making-of einfach noch mal, diesmal tanzt auch das ganze Filmteam mit. Für einen Moment denke ich: Was für ein schöner Abschluss für einen schönen Drehtag. Aber das Leben ist kein Rentnertanz, und da steht ja auch noch was auf dem Drehplan.

«Robbery».

Oh, das klingt nach Spannung, das riecht nach Ärger, da wird mein Action-Gen gekitzelt: Kille Kille Bumm Bumm!

Ich hab ja auch mal bei *Cobra 11* mitgemacht. Das war immerhin auch so 'ne Art Action. Ich saß zwar meistens nur im Büro und hab den Schreibtisch aufgeräumt, aber einmal, da wäre mir fast der Papierkorb umgekippt. Da bin ich haarscharf an einem Papierschnipsel-Chaos vorbeigeschlittert. Da war was los, kann ich Ihnen sagen.

Aber auch jetzt wird's hier kriminell. Von der uncoolen Tänzerin verwandele ich mich in eine zumindest vom Look her coole Gangsterbraut, und auch der chinesische Kollege tauscht das knallige Blumenhemd gegen eine schwarze Lederkluft ein. Denn jetzt sind wir Räuber und wollen einen Getränkemarkt überfallen! Quasi Bonnie und Clyde – nur in Chinesisch und lustig. Auf den ersten Blick furchteinflößend, auf den zweiten zum Totlachen.

Neben so ganz grundsätzlichem Nachholbedarf in Sachen kriminelle Energie haben wir bei dem Dreh noch eine kleine zusätzliche Herausforderung. In dem Sketch spreche ich näm-

lich hauptsächlich Englisch und mein Kompagnon ausschließlich Chinesisch. Ich weiß zwar, was sein Text auf Deutsch bedeutet, aber da ich kein Chinesisch verstehe, brauche ich unbedingt ein Stichwort, an dem ich mich orientieren kann, damit ich meinen Einsatz nicht verpasse. Beim Proben klappt das ganz gut, und ich versuche ein ungefähres Zeitgefühl für seine Textstrecken zu bekommen.

Aber während der Dreharbeiten beschleicht mich so langsam die Ahnung, dass mein Sketchpartner hier und da gerne

«Was mach ich hier eigentlich?»

mal improvisiert. Seine Textstrecken kommen mir jetzt irgendwie länger vor als in den Proben, und auch das Stichwort – da will ich mich nicht zu weit aus dem Fenster lehnen – klingt irgendwie anders. Und zwar von Mal zu Mal so ganz anders.

Aber die Hoffnung stirbt zuletzt, und ich warte trotzdem bei jedem neuen Take auf mein Stichwort, und wenn das nicht kommt, quatsche ich einfach drauflos, sobald er eine längere Pause macht.

Unterm Strich scheint meine Taktik aufzugehen.

Und wenn wir bis gerade zumindest optisch einen halbwegs professionellen Eindruck in unserer Tätigkeit als junge Berufsverbrecher gemacht haben, entlarven wir uns spätestens beim Überfall als totale Vollidioten. Ich will nicht die Pointe vorwegnehmen, aber vielleicht kommen Sie selber drauf, wenn Sie sich das Bild im Vorwort oder auf der nächsten Seite ein bisschen genauer anschauen.

Wie gesagt, hier in Peking nachts um halb eins, ob du 'n Jetlag hast oder ob keins ... am anderen Ende der Welt mit einer Strumpfhose überm Kopf und der Pumpgun in der Hand stellt sich mir die Frage: Was mach ich hier eigentlich?

Bevor ich darauf allerdings eine Antwort finden kann, heißt es auch schon wieder «Äähhkschn!», und ich werde an der Strumpfhose auf dem Kopf durch den Getränkeladen geschleudert.

Und wenn ich auch nicht so ganz genau weiß, was ich hier gerade mache, macht das, was ich hier gerade mache, auf jeden Fall einen riesigen Spaß. Völlig unabhängig davon, dass ich durch die Strumpfhose und die dadurch verwischte Wimperntusche fast blind bin.

«Khatt!»

«Watt Khatt? Waret datt?»

Alle versammeln sich um den Monitor herum, um sich ein Rückspiel des letzten Takes anzusehen. Und der sieht schön bescheuert aus!

Alle lachen, und der Regisseur spricht mit Da Peng und ruft dann etwas auf Chinesisch, woraufhin das Team zu klatschen anfängt. Ich suche die Blicke von unser Inge, die mit den Schultern zuckt und sagt: «Drehschluss, ahahaha!»

Ach, wie schade.

Wir fallen uns alle in die Arme. Immer wenn's am schönsten ist ... Und schön war's, ganz besonders sogar. Obwohl es nur zwei Drehtage waren, habe ich den größten Teil des Teams irgendwie ins Herz geschlossen. Und bevor sich unsere Wege gleich trennen, machen wir alle noch gemeinsam ein Gruppenfoto zur Erinnerung. Cheese!

Hinter mir liegen zwei wirklich sehr intensive, lustige, unglaublich aufregende und lange schöne Tage, an die ich oft und gerne zurückdenken werde. Ich bin gespannt auf die fertigen Sketche und freue mich, wenn ich die Truppe irgendwann mal wiedersehe.

Aber jetzt muss ich ins Bett. «Jetti, Läcki, kommt, wir gehen.»
«Nein, Mann, wir woll'n noch nicht gehen, wir woll'n noch 'n bisschen tanzen.»

Zum Glück brauch ich mich heute nicht mehr abzuschminken, das hat die Strumpfhose auf dem Kopf für mich erledigt.

Teamfoto nachts um halb eins.
«Sssri, thuu, wuann – Cheeeeese!» Klick!

Was mach ich hier eigentlich?
Ich will heut was Verbotenes tun.

An meinem ersten freien Tag will ich mir unbedingt die bedeutendste Sehenswürdigkeit ansehen, die Peking zu bieten hat: UNESCO-Weltkulturerbe, Ort von Tausenden Legenden und Mythen, sagenumwobene Wohnstätte der chinesischen Kaiser.

Die Verbotene Stadt! Um in die Verbotene Stadt zu kommen, muss man durch das *Tor des Himmlischen Friedens,* und das steht, wie der Name schon sagt, auf dem *Platz des Himmlischen Friedens*. Den man hier auf dem Foto sehr schön nicht sehen kann, weil ich den gerade fotografiere.

Den Platz müssen Sie sich ungefähr vorstellen wie einen großen Platz. Genau genommen gilt er als einer der größten befestigten Plätze der Welt. Kleine Brötchen ... Sie wissen schon!

Also, ein großer Platz, mit ziemlich viel Platz und einem Mao-Mausoleum drauf. Und damit Sie ein Bild davon haben, hab ich Ihnen ja gerade eben ganz frisch eins gemacht.

Sehen Sie die vielen Menschen? Die Leute wollen alle ins Mao-Mausoleum, um sich den einbalsamierten Staatspräsidenten Mao Zedong anzugucken. So mancher deutsche Comedian würde sich so einen Besucherstrom zu Lebzeiten wünschen, wie Mao Zedong ihn selbst nach seinem Tod noch «erlebt». Der macht hier mao-se-tot seit vierzig Jahren täglich die Halle voll.

Aber in die Schlange reihe ich mich ein andermal ein, denn heute will ich in die Verbotene Stadt. Verbotene Dinge haben nämlich eine ganz besondere Anziehungskraft auf mich. Das war schon als Kind so. Ich wäre zum Beispiel von alleine gar nicht auf die Idee gekommen, vom Beckenrand zu springen. Und auch die Besuche bei der Verwandtschaft im Osten hatten schlagartig ihren Reiz verloren, als man plötzlich einfach so mir nichts, dir nichts rüberfahren durfte. Und so verhält es sich jetzt auch mit der Verbotenen Stadt. Da muss ich unbedingt hin! Die muss ich unbedingt sehen. Da muss ich unbedingt rein!

Darf ich aber nicht!

Und das gar nicht mal, weil sie so wahnsinnig verboten ist, sondern, weil die schon zuhat.

Wie? Jetzt schon? Es ist doch erst fünf?

Das geht doch nicht mit rechten Dingen zu ... da kann doch was nicht stimmen. Ich werfe mal lieber einen Blick in meinen Reiseführer.

Tatsache! Offensichtlich machen hier die Sehenswürdigkeiten in der Regel schon um fünf Uhr zu. Da können die noch so sehenswürdig sein – 16 Uhr 30 is Schicht im Schacht, da ist kein Reinkommen mehr.

Kultur ist eben anstrengend. Besonders für Langschläfer wie mich. Anstrengend vor allem deswegen, weil ich ja jetzt wieder zurücklaufen muss. Das is ja mehr als blöd. Was mach ich denn jetzt mit dem Rest des angebrochenen Tages? Auf die Couch und Glotze an? Das wär jetzt irgendwie verschenkt. Es sei denn, ich krieg RTL rein. Nee, war nur Spaß! Ich mein natürlich 3sat und Arte oder wie das heißt.

Na, dann gehe ich jetzt am besten einfach mal außerhalb der Verbotenen Stadt entlang. Dann kann ich wenigstens sagen, ich hab die Verbotene Stadt gesehen – wenn auch nur von außen. Solange keiner fragt, wie die von innen aussieht!

Ich schlendere also drauflos. Allerdings muss ich gestehen – nach einer halben Stunde hat man's begriffen.

Die Verbotene Stadt hält dann von außen doch nicht ganz das, was ich mir von ihr von innen versprochen habe. Ich hätte heute schon noch Bock auf 'ne Portion Kultur, und damit meine ich jetzt nicht die im Joghurt. Ich frag mal die Karte.

Komisch, die sagt gar nichts. Nicht mal «Wenn möglich, bitte wenden». Wahrscheinlich isse kaputt?

Ohne Navi bin ich aufgeschmissen. Ich bin ein absoluter Orientierungslegastheniker. Schon immer gewesen. Wenn ich zum Beispiel in der Stadt beim Shoppen aus 'nem Laden wieder rauskomme, biege ich prinzipiell in die falsche Richtung ab. Manchmal sogar schon direkt, wenn ich aus der Umkleidekabine komme. Aber hier ist ja zum Glück grad weit und breit keine. Also lauf ich auch nicht Gefahr, falsch abzubiegen. Das ist Logik! Da sind Sie baff, oder!?

Darum lass ich es entspannt angehen und trudele einfach weiter an der Mauer entlang. So komme ich zufällig – beziehungsweise zwangsläufig – irgendwann an das Ufer eines Sees, den ich auf der Karte wiederfinde. Dann muss hier auch irgendwo der Eingang zum Beihai-Park sein – den Gärten der «Weißen Pagode».

Jetzt noch ein heißer Tipp für Sie, wie Sie bei dem nun folgenden Kapitel Ihren Lesespaß mindestens verdoppeln können: Immer wenn Sie «die Weiße Pagode» lesen, ist es wichtig, dass Sie es emotional, sehr bedeutungsschwanger und vor allem laut tun. Und beim «Ei» von weiße und beim «O» von Pagode mit der Stimme schön hochgehen. Ungefähr so:

«D i e   W E I i i ß e   P a g O O O O d e e e e e .»

Dieses Buch ist nämlich auch so 'ne Art Hörbuch – vorausgesetzt, Sie lesen die Nummer mit der Pagode laut vor. Quasi so 'ne Art Hörbuch zum Selbermachen.

Übrigens auch eine sehr hübsche Geschenkidee, wenn Sie mal auf die Schnelle was brauchen. Nehmen Sie einfach dieses Buch mit und lesen Sie dem zu Beschenkenden etwas daraus vor. Selbstgemachte Geschenke sind doch immer noch die schönsten.

Wenn Sie aber dazu keine Zeit oder Lust haben, können Sie's sich auch leichtmachen, und ich lese es Ihnen oder dem, dem Sie grad nicht vorlesen wollen, vor. Gerne auch den lieben Kleinen. Sagen Sie einfach Bescheid.

So, los geht's – auf zur …? Genau … zur –

«Hu wanna uatt?»
«Kann ich noch rein, oder is schon to late?»
«Is not toläi. Kossu rei – kassu raukucke.»
«Ach super, danke!»

«W E I i i ß e n P a g O O O O d e e e e e», was immer das auch ist – steht hier so auf der Karte. Und zumindest hat die «Weiße Pagode» schon mal etwas langschläferfreundlichere Öffnungszeiten, und ich darf noch 'ne halbe Stunde durch die Gärten spazieren. So erklärt es mir zumindest die freundliche Frau an der Kasse.

Und wenn ich mich beeile, schaffe ich es vielleicht noch hoch – zur «Weißen Pagode».

Der Enkel von Dschingis Khan, Kublai Khan, hat die Weiße Pagode und die drum herumliegenden Gärten und die Tempel in den siebziger Jahren des 13. Jahrhunderts errichten lassen. In den siebziger Jahren des 20. Jahrhunderts hat Dschingis Khan dann beinah den Eurovision Song Contest gewonnen. Der hieß damals noch Grand Prix Eurovision de la Chanson, und das heutige Peking hieß übrigens auch mal *Dadu*.

Das kam so:

«Hey du!»
«Ja du?»
«Wo du?»
«Da du.»
«Du da?»
«Ja du.»
«Du du.»
«Da da. Ich lieb dich nicht, du liebst mich nicht.»
«Da da du.»

So kam das damals, das wissen die wenigsten. Also genau genommen eigentlich nur ich und ein kleiner Kreis von Eingeweiden. Aber da darf ich nicht drüber sprechen.

Zurück ... zur Weißen Pagode. Der Park ist ganz schön, so richtig auf Chinesisch gemacht. Und die Weiße Pagode setzt dem Ganzen irgendwie noch so 'n Sahnehäubchen auf.

Auf dem Steinboden vor dem See malt ein grau melierter Mann ganz behutsam und meditativ chinesische Schriftzeichen mit einem dicken Pinsel auf die Steine, den er immer wieder in einem kleinen Eimerchen, das er an Schnüren in der Hand hält, mit Wasser tränkt. Die so kunstvoll entstehenden Zeichen haben dadurch nur eine kurze Lebensdauer, bis sie durch die Hitze der Sonne verdunsten. Eigentlich sind es nasse Steine, die trocknen, durch die Bedeutung der Zeichen scheint es aber so, als ob sich der Sinn der Worte ganz langsam in Luft auflöst.

Ganz süß, ne? Vielleicht ein bisschen kitschig. Zumindest gewagt, sag ich mal. Knallgrüne Jacke zu roten Magnum-Shorts – wer's tragen kann.

So entstehen kleine, flüchtige Kunstwerke, die den Augenblick feiern und mir die Vergänglichkeit vor Augen führen.

Ich mach's jetzt auch mal wie dieser chinesische Kalligraphie-Künstler und werde extra für Sie auf der nun folgenden Seite den lustigsten Witz der Welt – ach, was sag ich, des ganzen Universums und aller Zeiten – mit einem Pinsel in meiner allerallerschönsten Schönschrift aufschreiben. Ich weiß, Sie werden es lieben. Viel Spaß! Und blättern Sie nicht zu schnell um. Ich muss den Witz ja erst noch pinseln …

Hätte ich's nicht fotografiert, wüsste man heute nicht mehr, was er da Schönes auf das Pflaster gepinselt hat. Da steht nämlich: «Wer das liest, ist doof» – aber zumindest ein schneller Leser.

Und …? Hab ich zu viel versprochen? Kracher, oder? Da haben Sie nicht mit gerechnet, dass die Nonne am Ende dann doch … Ich sag's ja. Der lustigste Witz der Welt! Aber wie alles im Leben ist auch der lustigste Witz der Welt irgendwann weggetrocknet. Deswegen heißt es ja auch «trockener Humor».

Der Weg hoch zur Weißen Pagode führt durch verschiedene Tore und Tempel, durch kleine verwunschene Gärten und romantische Bambuswäldchen.

Aber auch so ein heiliger Ort schreckt anscheinend nicht die Dorfjugend ab, die sich hier in vandalenhafter Manier mit ihren Tags in den Bambushalmen verewigt hat.

Alles vollgekrickelt. Sauerei so was. Naturkulturbanausen. Echt jetzt mal. Bushaltestelle kann ich ja noch verstehen, aber das hier geht wirklich zu weit. Wenn ich die erwische …! Denen krickel ich was.

Apropos Bambus. Bambus ist ja die Leibspeise vom Pandabären, dem chinesischen Nationaltier. Der ist so hübsch schwarz-weiß, süß und putzig und knuffig. Und der tut auch keinem was. Im Gegensatz zu Free Willy. Der is 'n Arschloch!

Ich hab letztens eine Doku gesehen, wo so 'n Orka zusammen mit seiner Horde ein Grauwalkalb ertränkt und angefressen hat. Später hat er dann noch ein Seelöwenbaby brutal und verantwortungslos und, soweit ich das beurteilen kann, aus reiner Langeweile durch die Luft gewirbelt. Eiskalt, das Vieh. Hab ich aus dem Hollywood-Streifen anders in Erinnerung.

Aber jetzt kraxel ich erst mal den Berg hoch – hoch zur Weißen Pagode. Da wohnt Saruman, der Weiße, das hab ich mal in einem Buch gelesen, *Harry Ringe* hieß das. Ich klopf mal.

Saruman ist offensichtlich nicht zu Hause. Wahrscheinlich ist er grad mit'm Ork Gassi.

Es ist irgendwie souieso niemand mehr hier oben außer mir. Ich bin ja selbst nur noch auf den letzten Drücker reingekommen. Was soll's, ich kletter trotzdem weiter und stehe nun ganz allein hier oben auf dem Hügel der Weißen Pagode. Herrlich! Hat sich gelohnt, der Ausblick ist super.

Die rote Tüte hab ich aus einem Souvenir-Shop. Ich war nämlich eben noch schnell zwischen Bambus und Borke Souvenirs shoppen. Ergattert habe ich ein Windspiel, einen roten Glücksbommel für meinen Autospiegel, Bambus-Kastagnetten, einen Buddha-Schlüsselanhänger, Motivuntersetzer mit der Weißen Pagode und den schönsten Sehenswürdigkeiten von Peking und Umgebung, vergilbte Ansichtskarten aus den achtziger Jahren (da können Instagram und Hipstamatic einpacken), eine Winkekatze (die auf dem Cover), eine Tasse ohne Henkel und ein elektronisches Wasserfall-Bild. Das musste ich allerdings direkt wieder umtauschen, weil man ja keine Flüssigkeiten mit ins Flugzeug nehmen darf. Hab ich so schnell nicht geschaltet. Ich Trottel.

Wie ich da so auf dem Hügel stehe und in die Ferne sehe, höre ich plötzlich hinter mir ein Rascheln. Ich drehe mich um und blicke in die Augen dieses kleinen Mädchens.

So langsam fällt mir die ganze Geschichte aus *Harry Ringe* wieder ein.

«Ah, du musst Frodo Beutlin sein!», sage ich freundlich.

«Und dir haben sie wohl ins Gehirn geschissen!», bekomme ich als Antwort zu hören.

Ich bin etwas irritiert, mache einen Ausfallschritt zurück und gehe sicherheitshalber in Kampfstellung.

«Ich hab mal zwei Jahre Tae-Kwon-Do gemacht, weil ich mit dem Rauchen aufgehört habe, und Tae-Kwon-Do heißt ‹Der Weg der Faust. Und des Fußes›. HA!»

Keine Reaktion.

«Wo sind deine Eltern oder deine Geschwister, Frodo?», frag ich.

«Ich bin Einzelkind, du ignorante Tante!», krieg ich zu hören.

Süß isser, der Frodo. Launig, aber niedlich. Hobbits halt. Kannste nicht ernst nehmen.

Ich drehe mich um und halte Ausschau nach Frodos Gefährten. Aber keine Menschenseele zu sehen. Als ich mich wieder zu Frodo zurückdrehe, steht dort, wo Frodo gerade noch stand, ein silbergrauer Kranich. Witzigerweise mit dem gleichen blau karierten Kleidchen an. «Zufälle gibt's», denk ich mir und mache mich pfeifend an den Abstieg – der Weißen Pagode – runter Richtung Ausgang.

Ich bin ganz zufrieden mit dem Alternativprogramm heute, das sich ja eher unerwartet ergeben hat. Aber jetzt reicht's auch langsam, immerhin bin ich ja schon mindestens fast zwei Stunden auf den Beinen, und die kleine Tüte ist gar nicht so leicht, wie sie auf dem Foto aussieht. Sondern viel, viel leichter. So im Nachhinein bin ich wirklich froh, dass ich das elektronische Wasserfall-Bild zurückgegeben habe. Wobei das schon echt was hergemacht hat – so voll cool mit Beleuchtung und neontürkisen Glitzer-Delfinen. Aber man soll ja eh keine Delfine kaufen – wegen der Thunfische.

So langsam bekomme ich Hunger. Der Reiseführer empfiehlt die Restaurantmeile am Seeufer des *Qian Hai*. Das muss hier also ganz in der Nähe sein, auf der Karte sieht es zumindest nicht weit weg aus. Also laufe ich weiter.

Während ich die Straße entlangschlendere, werde ich immer wieder von so 'ner Art Rikscha-Dreirad-Mopeds angehupt. Anfangs fühle ich mich zugegebenermaßen geschmeichelt. Bis ich merke, die wollen mich gar nicht plump anmachen. Die wollen hier ernsthaft Geschäfte abwickeln. Lautstark, überfreundlich, aufdringlich, penetrant werde ich höflich aufgefordert, bei ihnen einzusteigen. «Bestimmt reine Touristenabzocke», denk ich mir und wiegel jeweils freundlich ab.

Als dann aber ein kleiner Opa mit einem klapprigen Elektrodreirad neben mir herfährt und mich dabei ganz lieb anlächelt,

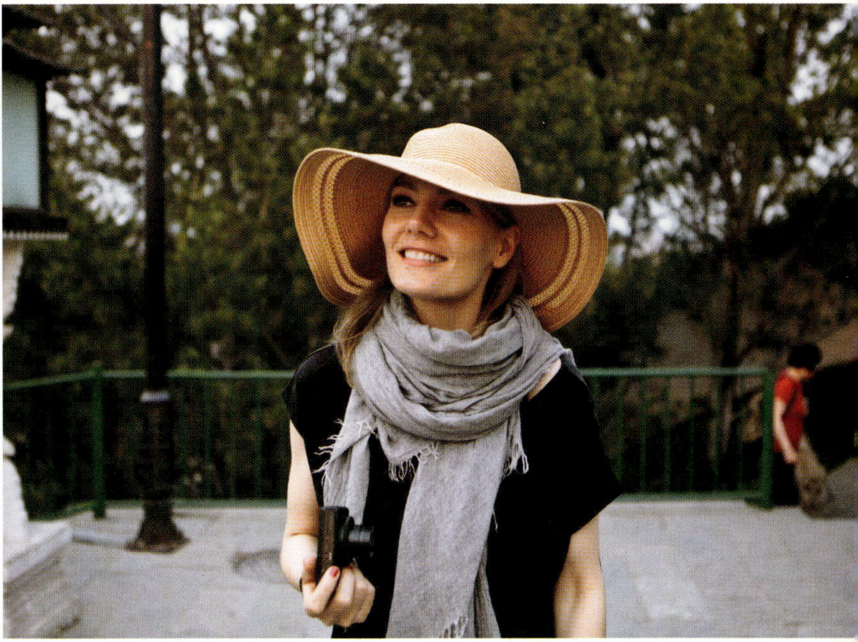

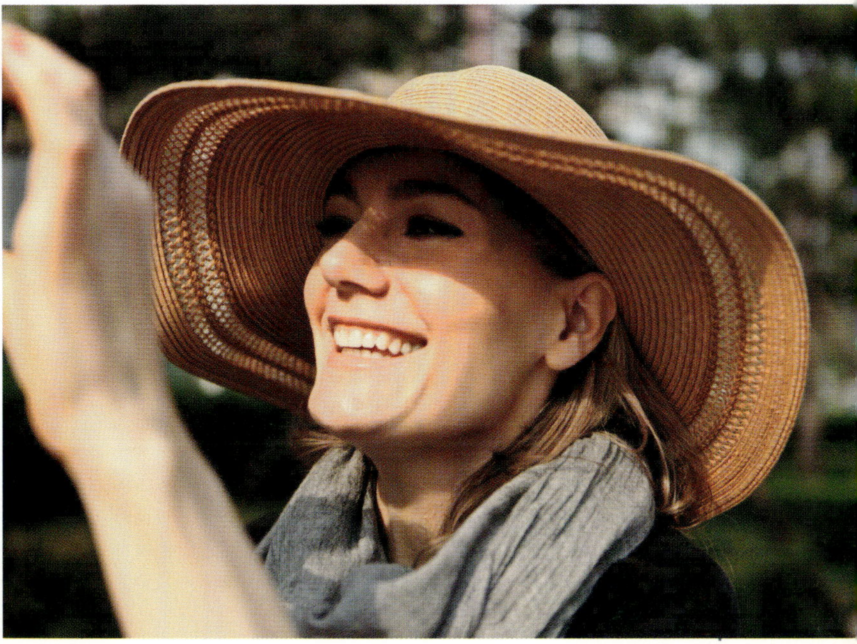

«Mach sitz! Brav. Und jetzt bitte recht freundlich!»

«Cheeese!»

werde ich doch weich. Und weil meine Füße so langsam weh tun und ich mir eingestehen muss, dass ich nicht den blassesten Schimmer habe, wo ich eigentlich bin und wie ich zum *Qian Hai*-Ufer finden soll, kann ich nicht anders, als seiner freundlichen Einladung nachzukommen und auf der Rückbank seiner kleinen Elektroschleuder Platz zu nehmen. Hups, ganz schön wackelig. Ich zeige ihm auf der Karte in meinem Reiseführer, wo ich hinmöchte. Er nickt wie selbstverständlich und wendet ruckartig in Richtung Gegenverkehr, wobei es mich fast vom Plastikpolster haut.

Ich habe ein gutes Gefühl!

Der Opa ist mindestens hundert Jahre alt und macht einen sehr vertrauenswürdigen Eindruck. Der wird sich hier sicher auskennen und mich auf gar keinen Fall über den Tisch ziehen. Dafür sieht er viel zu lieb aus. In solchen Sachen kann ich mich immer voll und ganz auf mein Bauchgefühl verlassen.

Siebzig Ocken hat die Sau mir abgezockt! Für einmal ums Karree fahren. So ein Schlitzohr. Hätt ich das vorher gewusst, dass das soooo nah ist, hätt ich auch locker hinlaufen können. Aber so musste ich die kurze Fahrt über um mein Leben bangen. Keine Gurte, keine Knautschzone, und der nette Opi ist durch die engen Gassen gebrettert, als ob's kein Morgen gäbe.

Vor besonders uneinsichtigen Kurven hat er auch nicht etwa auf die Bremse gedrückt, sondern auf Gas und Hupe. Nerven aus Stahl hat der Alte. Der lacht dem Tod nicht nur ins Gesicht, der hupt den von der Straße! Wenn ich mich nicht festgekrallt hätte, hätte es mich schon in der ersten Kurve rausgeschleudert. Aber ich bin ja auch so 'ne Art Stuntfrau, und deshalb kann es für mich nicht gefährlich genug sein. Gefahr ist mein zweiter Vorname. Ich mach auch in der Achterbahn den Bügel nie runter – aus Prinzip.

Trotzdem bin ich ganz froh, die Fahrt überlebt zu haben, sodass ich die Summe, die er für die Spritztour dann am Ende aufruft, nicht in Frage stelle.

Ich hab ihm halt vertraut.

Damals ... an der «W E I i i ß e n P a g O O O O d e e e e»!

So ist das nun mal im Leben. Mal verliert man, mal gewinnen die anderen.

Oder wie Konfuzius sagt: «Alle Kinder fahren Moped, nur nicht Martina, die fährt Dreirad in China.»

Was mach ich hier eigentlich?
Die Löffelchen-Stäbchen-Technik.

Auf der Restaurantmeile am Ufer des schnuckeligen Sees herrscht Hochbetrieb. Von überall her ertönen Musik, Geschirrgeklapper, Lachen und Gesang. Auf dem Wasser treiben kleine Tretboote mit verliebten Pärchen, überall sieht man hübsche Papierdrachen im Wind flattern, und eine romantische Samstagabendstimmung liegt in der Luft – und das direkt auf zwei Etagen:

Die Restaurants und Karaokebars stehen sich nämlich um den kleinen See herum dermaßen auf den Füßen, dass jeder Laden noch zusätzlich zur Terrasse mit Seeblick vor dem Haus eine zusätzliche Terrasse mit noch mehr Seeblick auf dem Haus hat.

Ich hab solchen Hunger! Die Frage «Worauf haste Bock? Italienisch, Indisch, Mexikanisch?» stellt sich hier nicht so wirklich. Dreimal dürfen Sie raten, wofür ich mich entscheide!

Ich denke, ich gehe heut mal zum Chinesen. Aber zu welchem?

In Deutschland erkennt man ein gutes chinesisches Restaurant ja daran, dass dort vor allem auch viele Chinesen essen gehen. Der Trick funktioniert hier leider nicht. Die Tatsache, dass hier Chinesen in einem Restaurant sitzen, spricht nicht zwingend dafür, dass dieses auch besonders gut ist, sondern in erster Linie lediglich dafür, dass es da ist. Auf der anderen Seite kann ich so nichts verkehrt machen, denk ich mir und folge meinem Instinkt und der Leuchtreklame eines kleinen Restaurants etwas abseits vom Trubel.

Die Speisekarte hat dankbarerweise Fotos der Gerichte, sodass ich der Bedienung zeigen kann, was ich gerne hätte. Gemüse, Nudeln, Reis und die Suppe hier ... und dies hier auch und das da noch, ist das scharf? Hot? Yes? Jut ... nehm ich auch.

Ich hab zu viel bestellt. Auf den Fotos sahen die Gerichte irgendwie kleiner aus. Sei's drum, ich hab ja Zeit.

Das ist übrigens ganz interessant zu wissen, und das machen viele Anfänger falsch: Nicht alles in der chinesischen Küche möchte mit Stäbchen gegessen werden. Suppe zum Beispiel. Dafür gibt's die Löffel. Allerdings gibt es auch Dinge, die nicht mit dem Löffel gegessen werden wollen, die Nudeln in der Suppe nämlich. «Tja», denken Sie sich, «was für ein Dilemma.

Und wie zur Hölle soll ich denn dann eine Suppe mit Nudeln drin essen?» Jetzt heißt es Ruhe bewahren! Nicht gleich die Flinte ins Korn oder die Stäbchen ins Gemüse werfen. Dafür bin ich doch da. Dieses Buch versteht sich schließlich auch als so 'ne Art Ratgeberreifenprüferbilderrahmendings. Das, was halt vorne draufsteht. Deswegen hab ich so 'ne Art Löffelchen-Stäbchen-Technik entwickelt.

Die Löffelchen-Stäbchen-Technik. Ab nächstem Semester in der Volkshochschule.

Diese Technik sorgt dafür, dass sowohl die flüssigen als auch die festen Bestandteile des Nudeltopfes ihren Weg über meine Lippen in meinen leeren Magen finden. Dort sorgen sie allerdings direkt für ziemlichen Rabatz und Rambazamba.

Das mit dem «Hot» meinen die hier durchaus ernst. Die Suppe ist nämlich nicht nur echt heiß, sondern vor allem sauscharf. Die Hitze kann ich durch Pusten entschärfen, die Schärfe leider nicht. Ich trink die Dose Cola auf ex.

Aber das bringt irgendwie nix, durch die Kohlensäure wird's nur noch schlimmer. Also bestelle ich hastig noch eine Dose und dann noch eine … und noch eine.

Nach der fünften Dose Cola geht's wieder einigermaßen, allerdings verspüre ich plötzlich so eine unerklärliche Unruhe in mir. Ich fühl mich wie 'n Jack Russell Terrier mit ADHS und habe schlagartig große Lust, eine Runde im See zu schwimmen, Tretboot zu fahren und Karaoke zu singen – und zwar alles gleichzeitig. Zahlen, bitte!

Satt und zufrieden, mit roter Tüte und brennender Fresse mache ich mich zügig und zackigen Schrittes auf den Weg zurück zum Hotel. Ich hab immer noch ganz schrecklichen Durst und das Gefühl, ich müsste weiter den Brand in meiner Kehle löschen. Zum Glück ist die Auswahl an Softgetränken hier in China nahezu unbegrenzt, sodass ich an jeder Ecke was zu trinken finde.

Softdrinks in allen Farben, Formen und Geschmacksrichtungen erfreuen sich hier nämlich großer Beliebtheit. Von gefühlt jeder zweiten Plakatwand springen einen frische, saftige und leckere Getränke an, die von noch frischeren, saftigeren und leckerereren Models breit grinsend in die Kamera gehalten werden, als gäbe es nichts Schöneres und Befriedigen-

deres auf der ganzen weiten Welt als diese kleine Plastikflasche Brause.

Auch die Fernsehwerbung dreht sich beinahe ausschließlich um animierte, saftige Früchte, die aus Flaschen oder Dosen ploppen, spritzen, fliegen oder eiskalt zischen. Und um junge Leute, die sich auf grünen Wiesen, an Fahrradständern oder unter Bäumen treffen, um sich gegenseitig ihre quietschbunten Blubberwasser zu zeigen und sich überschwänglich darüber zu freuen. Je bunter der Saft, desto größer die Freude.

Na denn: «Prost!» bzw. «Gangbei!».

Was mach ich hier eigentlich?
Endlich was Verbotenes.

Am nächsten Tag versuche ich mein Glück, in die Verbotene Stadt zu gelangen, noch einmal, und zwar in aller Herrgottsfrühe. Kurz nach 14 Uhr stehe ich da bei denen aber so was von auf der Matte. Ich kann nämlich durchaus früh aufstehen, wenn ich will. Geh ich eben später ins Bett. Aber ich kann halt nicht immer wollen. Wenn ich wollen könnte, wie ich wollte, dann könnte ich ja wollen wollen und können können, und wer kann das schon wollen? Und das hat ja auch mit wollen gar nichts zu tun. Und das gar nicht mal, weil ich so besonders faul wäre, sondern weil ich – und das ist wissenschaftlich erwiesen – eine Nachteule bin. Tatsächlich hab ich nämlich erst kürzlich irgendwo gelesen, dass man in der Schlafforschung zwischen zwei Schlaftypen unterscheidet: der Lerche und der Nachteule. Bei mir hat sich sehr früh abgezeichnet, zu welcher Vogelsorte ich gehöre.

Schon in der Schulzeit habe ich jeden Morgen aufs Neue mit meinen Eltern darüber diskutieren müssen, dass es nicht gesund sein kann, so früh aufzustehen. Der Körper und die Natur haben sich doch was dabei gedacht. Wenn der Körper nicht von alleine wach wird, ist er halt noch nicht so weit. Das ist … Evolution. Ein Wecker ist etwas Unnatürliches! Da hat doch keiner was von, mich mit Schlafmangel durch den Schultag zu quälen.

Besonders schlimm fand ich immer mittwochs erste und zweite Doppelstunde Sport. Bockspringen und danach am Stufenbarren baumeln – schön mit leerem Magen. So früh am Morgen hat die Nachteule noch keine Lust zu frühstücken, geschweige denn, sich sportlich zu betätigen. Das ist bei mir bis heute so. Ich würde auch nie auf die Idee kommen, morgens vor der Arbeit joggen zu gehen. Gut, abends nach der Arbeit auch nicht, aber egal.

Jedenfalls haben alles Diskutieren und meine, wie ich fand, klugen Argumente nichts gebracht. Die Lösung meiner Eltern war einfach: Das Kind muss früher ins Bett!

Unsinn. Die Schule muss einfach später anfangen! Kann doch nicht so schwer sein, so 'n Stundenplan ein, zwei Stunden nach hinten zu verlegen.

Heute weiß ich, dass jeder Mensch seinen ganz individuellen Schlaf-wach-Rhythmus hat. Und den bestimmt die eigene innere biologische Uhr. Ob Kurz- oder Langschläfer – das liegt in den Genen.

Ich HAB's immer geWUSST!

Die Natur holt sich alles zurück. Als Erstes sind die Wecker dran.

Wie kam ich drauf? Ach ja, die Verbotene Stadt.

Es ist also kurz nach 14 Uhr, und erfreulicherweise ist kaum was los ... «Gesundheit!»

Hinter dem geheimnisvollen Namen «Verbotene Stadt» – oder wie der Chinese sagt: «Forbidden City» – verbirgt sich eigentlich «nur» die kaiserliche Palastanlage. Allerdings wäre hier Bescheidenheit fehl am Platze, hat man sich auch damals schon gedacht, und obwohl es noch gar keine Brötchen gab, wurde wieder mal groß gebacken. So ist aus dem Palast gleich eine ganze Stadt geworden. Quasi eine Stadt in der Stadt und bis heute die größte Palastanlage der Welt.

«Verbotene Stadt» heißt sie übrigens deshalb, weil es für Normalsterbliche verboten war, sie zu betreten. Ungünstigerweise sind die, die drin waren, auch nur ganz selten rausgekommen, was bei der Regierung eines Landes, welches nun mal zum größten Teil außerhalb der verbotenen Mauern liegt, nicht gerade von Vorteil ist. Is halt schwierig, wenn man so gar nich aus erster Hand weiß, was draußen abgeht. Kann man ja immer sehr schön bei «Promi Big Brother» sehen, da geht's den Bewohnern ähnlich. Die sind auch von der Außenwelt abgeschnitten und fallen hinterher aus allen Wolken, wenn sie erfahren, dass die ganze Nation hitzig diskutiert hat, wer mit wem geduscht, wer blankgezogen und wer seinen runzligen Hintern in die Überwachungskamera gestreckt hat.

Zu dem Thema fällt mir auch noch ein: Ich habe letztes Jahr zum Geburtstag so 'ne Art Miniaquarium mit kleinen Krebsen drin geschenkt bekommen. Ein sich selbst versorgendes Ökosystem in einer geschlossenen Glaskugel. Die Algen produzieren Sauerstoff und Nahrung für die Krebse, die wiederum die Algen düngen und abfressen, sodass die nicht zu viel werden. Also eigentlich ein System in perfekter Harmonie. Hat die NASA-Weltraumforschung erfunden. Fragen Sie mich nicht, warum. Vielleicht für den Fall, dass ein Astronaut mal seinen Goldfisch mitnehmen will oder man in Zukunft auf dem Mars eine Kolonie aufmacht, wo man sich auch ein Aquarium hinstellen kann.

Jedenfalls ist in so einem Miniaquarium alles im perfekten Gleichgewicht. Sollte man meinen. Ich musste allerdings die schmerzliche Erfahrung machen, dass dieses perfekte Gleichgewicht in einer Dachgeschosswohnung im Hochsommer dann doch an seine Grenzen stößt. Aus dem Weltraum-Aquarium wurde so 'ne Art Weltraum-Bouillabaisse. Quasi heißer Krabbeneintopf à la NASA.

Da sieht man mal wieder – nicht alles, was von der NASA kommt, muss zwingend perfekt und supidupi sein. Ich mein, die trinken da oben ihren Kaffee bis heute aus Tüten und pinkeln in den Staubsauer.

Hätte ich eigentlich vorher wissen müssen. Ich kenn mich ja. Ich krieg ja nicht mal einen Topf Basilikum übern Tach.

Ich habe sozusagen das Gegenteil von einem grünen Daumen: den ausgetrockneten Daumen des Todes. Bei mir welken selbst Tiefkühlkräuter. Ich hab 'ne ganz seltsame Pflanzenaura – wenn ich im Wald spazieren gehe, fallen die Bäume um. Alle. Ich schwöre.

Wie dem auch sei.

Also, zurück zur Verbotenen Stadt. Heute darf ich rein, durch den Haupteingang – das *Mittagstor*.

Im Hintergrund der Eingang zur Verbotenen Stadt, im Vordergrund drei Chinesen, aber weit und breit kein Kontrabass.

Ich weiß jetzt auch, warum's *Mittagstor* heißt. Bis man da durch ist, is schon wieder Mittag ... Aber da ist ein Licht am Ende des Tunnels.

Hinter dem *Mittagstor* breitet sie sich aus: die Verbotene Stadt. Vor mir liegt ein riesiger Platz, eingerahmt von roten Wänden und Gebäuden, durchflossen von einem kleinen Bach, über den fünf Brücken führen. Mit so viel Platz hinter den Mauern hab ich jetzt nicht gerechnet. So 'n bisschen wie beim Smart – innen viel geräumiger, als man von außen denkt.

Am Ende des Platzes steht schon wieder das nächste Tor: das *Tor der Höchsten Harmonie*.

Auf einem Areal von fast einem Kilometer Länge gibt es neben den herrschaftlichen Palastbauten und Toren von Harmonie bis sonst wohin auch jede Menge Wohnhäuser, Tempel und kleinere Bauten für die vielen Angestellten, Mitarbeiter und Frauen des Kaisers. Der Legende nach soll es in der Verbotenen Stadt 9999 und ein halbes Zimmer geben. 9999 und ein halbes deswegen, weil nur der Himmel 10 000 Zimmer haben sollte. Ich hab das vor Ort mal nachgezählt, bin aber nur auf 3 gekommen. Dann hatte ich keine Lust mehr zu zählen. Is ja nicht so, dass ich sonst nix zu tun hätte.

Durch das *Tor der Höchsten Harmonie* gelange ich treppauf, treppab zur *Halle der Höchsten Harmonie*. Ist schon wahnsinnig beeindruckend, vor allem, wenn man bedenkt, wie alt die ganze Anlage ist.

1406 wurde unter Kaiser *Yongle* aus der Ming-Dynastie mit dem Bau begonnen, und nur knapp 14 Jahre später war die ganze Stadt schon fertig, inklusive Ming-Vasen. Das muss man

Die Säule hat der Kleine günstig bei eBay ersteigert. Dummerweise war die nur für Selbstabholer.

sich mal vorstellen! Das war einer wahnsinnig durchdachten Infrastruktur und Organisation zu verdanken. Und auch wohl nicht zuletzt so 'ner Art Fertigbauweise. Einzelne Elemente, die immer wieder benötigt wurden, wurden in Serie hergestellt und in so 'ner Art Stecksystem zusammengesteckt und halten teilweise ohne einen einzigen Nagel bis heute. Da kann sich so manches schwedische Möbelhaus eine Scheibe von absägen.

Diese logistische Meisterleistung sorgte dafür, dass die eigentliche Errichtung der Gebäude nur knapp vier Jahre in Anspruch nahm. Ähnlich wie beim Flughafen Berlin-Brandenburg. Bei dem ist ja auch ... Betreten verboten.

Jedenfalls hat man sich damals neben der pfiffigen Steckverbindung schon eine Menge einfallen lassen. Gerade im Bereich

Auch wenn die Steckkonstruktionen in der Verbotenen Stadt schon seit knapp 600 Jahren halten, lehne ich mich sicherheitshalber lieber nur ganz vorsichtig an. Ich will's nachher nicht gewesen sein ...

Personalmanagement. Aus Bauherrensicht ist das schon ganz praktisch mit diesen Sklaven und Zwangsarbeitern. Das wäre heute ein gefundenes Fressen für Günter Wallraff (Buch: *Ganz unten noch darunter drunter*).

Man schätzt heute, und das schätze ich auch, dass damals ungefähr eine Million Menschen an dem Bau der Verbotenen Stadt beteiligt waren. Aber neben Masse hatten die Baumeister damals auch ein paar klasse Ideen. (Masse – Klasse, Sie verstehen ...)

Für die letzte Treppe des Aufgangs zur *Halle der Höchsten Harmonie* zum Beispiel hatten die kaiserlichen Baumeister die Vision, zwischen die Treppen ein gigantisches Relief einzulassen. Über 16 Meter Länge und drei Meter Breite sollte ein Drache die Stufen zum Thron, dem Zentrum des Reiches, schmücken. Gemeißelt in einen gigantischen Marmorblock aus nur einem einzigen Stück, einem sogenannten Monolithen. Ein Steinriese dieser Größe müsste so um die ... ich schätze mal dreihundert Tonnen gewogen haben und lag blöderweise nicht nebenan in der Nachbarschaft rum.

Dingdong.

«Hallo, Herr Nachbar.»

«Hallo, Herr Baumeister vom Kaiser. Was gibt's denn?»

«Ja, ähm, das ist mir jetzt ein bisschen unangenehm, aber ich bin grad am Palastbacken und habe festgestellt, dass ich gar keine Marmormonolithen mehr im Haus habe. Könnten Sie mir vielleicht mit ein, zwei aushelfen? So sechzehn mal drei mal eins siebzig?! Hömma, dat wär der Börna! Ich bring dir beim nächsten Mal auch wieder welche mit.»

«Nee, hab ich grad nicht. Sorry.»

«Schade, tja, da kann man nichts machen. Dann vielleicht

'ne Tasse Mehl? Kann ich wenigstens Brötchen backen – und zwar so 'ne Apparate ...»

Also musste der Baumeister den Steinkoloss für sein Drachenrelief wohl von woanders her in die Stadt schaffen. Wie das damals vor über 500 Jahren genau vonstattenging, ist auch mir persönlich bis heute ein Rätsel. Man vermutet, und ich vermute das auch, dass mit dem Transport auf den Winter gewartet wurde. Und zwar einzig und allein deswegen, um entlang der Strecke, auf der der Stein transportiert werden sollte, in regelmäßigen Abständen Brunnen zu graben. Das daraus gewonnene Wasser wurde dann auf den Boden geschüttet, damit es gefror und so eine Eisfläche bildete, auf der man den Steingiganten dann mit Män-Paua schlittern konnte.

Blöd war halt nur, wenn's bergab ging. Sollte möglichst kein Dorf in der Kurve liegen. Daher stammt sicher auch das alte chinesische Sprichwort: «Deine Mudda is so fett, die spielt Eishockey mit Dreihundert-Tonnen-Monolithen.»

Auf diese kreative Art und Weise könnte seinerzeit der riesige Stein, der jetzt den Aufgang ziert, bis in die Verbotene Stadt gerutscht worden sein.

Dass die Chinesen damals nicht direkt die Wok-WM erfunden haben! Muss da erst der Raab draufkommen.

Die Band, die in jenen Tagen den aufwendigen Steintransport musikalisch begleitet hat, hieß übrigens «The Heavy Stones». Zufall?

Über die *Halle der Vollkommenen Harmonie* und die *Halle zur Enthaarung der Harmonie*, Verzeihung, *Erhaltung der Harmonie* geht es durch das *Tor der Himmlischen Reinheit* zum *Palast der Himmlischen Reinheit*. Und dabei immer noch und immer wieder treppauf und treppab. Dann kommt die *Halle von Himmel und Erde* oder wie der Kölner sagt: «Himmel un Äd» (das ist allerdings dann Kartoffelpüree mit Apfelmus).

Weiter geht's zum *Palast der Irdischen Ruhe*, um dann durch das *Tor der Irdischen Ruhe* endlich in den kaiserlichen Garten zu kommen, in dem sich die *Halle des Kaiserlichen Friedens* befindet.

An sich ganz schön schlau eingerichtet. Wenn da einer so richtig sauer auf den Kaiser war und dem mal ordentlich die Meinung geigen wollte, dann musste derjenige ja erst den

Das Relief durfte von keinem Sterblichen betreten werden. Nur dem Kai benutzten dazu die Stufen rechts und links des Reliefs. Die Touristen he benutzen.

Hier i der Mitt das ist da Drache relie

halben Marathon über die Stufen immer wieder die Treppen hoch- und runterlaufen und war dann zum einen durch die ganze Rennerei völlig aus der Puste und zum anderen durch die ganzen Hallen der Harmonie, des Friedens und der Ruhe zum Schluss wahrscheinlich so ausgeglichen und so gut drauf, dass er dann vorm Kaiser gar nicht mehr richtig wusste, worüber er sich bis grade eben noch so tierisch aufgeregt hatte. Und anstatt jetzt so richtig Dampf abzulassen, konnte er vermutlich nur noch freundlich schnaubend dem Kaiser auf die

es erlaubt, in seiner Sänfte darüber zu schweben. Die Träger der Sänfte ssen die Stufen rechts und links der Stufen rechts und links des Reliefs

Schulter klopfen und sagen: «Mensch, Herr Kaiser, schön ham Sie's hier!» Zu mehr war er dann wahrscheinlich einfach nicht mehr in der Lage.

Eigentlich eine Spitzenidee, ein super Konzept für Beschwerdestellen jedweder Art. Zum Beispiel für die der Deutschen Bahn. Wenn man da die Rolltreppen einfach, wie in der Verbotenen Stadt, durch ganz normale Treppen ersetzt und die Bahnhofshalle kurzerhand in die «Bahnhofshalle der Höchsten Harmonie» umbenennt, werden die Beschwerden über die Verspätungen ganz bestimmt nachlassen – die Beschwerden über die fehlenden Rolltreppen allerdings zunehmen.

Wie man's macht, macht man's falsch.

Der letzte Kaiser, der hier in der Verbotenen Stadt gelebt

Die kleine Maus ist auch schon total erschöpft vom vielen treppauf, treppab. Oder ihr ist einfach langweilig.

hat, hieß übrigens Puyi. Der Kleine war bis zu seinem sechsten Lebensjahr das einzige Kind in der Verbotenen Stadt. Dem muss ganz schön langweilig gewesen sein. Als Spielgefährten hatte er in den ersten Jahren nur Eunuchen. Die geflügelten Worte von Oliver Kahn, «Eier! Wir brauchen Eier!», erhalten in diesem Zusammenhang gleich eine ganz andere Bedeutung.

Alle Kinder rufen: «Eier ab!»
Nur nicht der Eunuch, der ruft: «Huch!»

Der letzte Kaiser hat den Thron im Alter von zwei Jahren bestiegen. Ich frag mich, ob er da schon auf den richtigen Thron durfte oder erst mal zum Üben aufs kleine Plastik-Thrönchen.

Hier wird vorm Thron angestanden wie bei uns sonst nur zu Ferienbeginn auf der Raststätte.

Und ob es da dann wohl auch zur Krönung so 'ne Art Schultüte gab, mit der Aufschrift «Mein erster Kaiser-Tag»?

Schon witzig, ich stell mir grad vor, wie das so aussehen würde, wenn der kleine Puyi mit Obama und Merkel bei der Weltklimakonferenz sitzt und dann die Kanzlerin am roten Sakko zupft: «Tante Merkel, ich muss mal groß. Kommst du abputzen?»

In der gesamten Verbotenen Stadt gab es übrigens keine einzige Toilette. Wenn man mal musste, musste man sich einen Eunuchen suchen. Der hat dann ein kleines Töpfchen bereitgestellt und danach direkt entsorgt. Wohin allerdings, das bleibt eines der letzten ungelösten Rätsel der Verbotenen Stadt. Diese mobile Klolösung geht meines Wissens zurück auf den Eunuchen *Di-Xi*. Guter Mann. Also ... so 'ne Art Mann.

Gerade als ich die kaiserlichen Gärten erreiche, kommt ein netter Security-Mann vom Palast auf mich zu, der mich freundlich darauf hinweist, dass die Verbotene Stadt von jetzt an wieder verboten ist – zumindest bis morgen früh.

Wie? Is schon wieder fünf? Och nööö ...

So werde ich mit dem letzten Besucherstrom durch das Nordtor aus der Verbotenen Stadt hinausgeschwemmt, während sich hinter mir die schweren roten Tore schließen.

Also laufe ich mit den anderen Tou-

Mao Zedong ließ in den sechziger Jahren fast alle Spatzen im ganzen Land töten, weil sie angeblich d Ernte weggefressen hatte Die Konsequenz dieser Aktion waren eine dramatische Insektenplage und damit verbundene Schäde die so groß waren, dass China daraufhin Spatzen aus Russland importieren musste. Bis heute sind sie selten. Außer diesem kleinen Freund hier hab i während meines Aufenthaltes keinen gesehen. Flieg nicht so hoch, mein kleiner russischer Import spatz!

risten die Brücke entlang über den 50 Meter breiten Wassergraben, der die Verbotene Stadt umgibt, und werfe noch einmal einen letzten Blick zurück. Skurril, dass jetzt mitten in dieser pulsierenden Metropole Peking so 'ne Art Geisterstadt liegt. Das wär doch was für Ben Stiller: *Nachts im Museum Teil 4*.

9999½ Räume unbewohnt und menschenleer. Was da an Mieteinnahmen durch die Lappen geht. Wenn man bei so 'nem leerstehenden Schloss nicht aufpasst, hat sich da ratzfatz die Kelly Family eingenistet. Apropos eingenistet: Da! Ein Spatz! Das gibt's ja nicht. Der guckt sich auch die Verbotene Stadt an, dabei war er selbst mal verboten.

Zurück in der «erlaubten» Stadt.

Wie komm ich denn jetzt zum Hotel? Muss ich etwa wieder komplett einmal außen um die ganze …

Whuäahhaä…

Ach, was soll's, ich lass mich einfach treiben und biege kurzerhand links ab. Ich lebe mein Leben. Mal gucken, wohin meine Füße mich heute tragen. Mach ich in Köln auch immer. Und soooo viel größer ist Peking ja jetzt nu auch nich.

Ich laufe wirklich wahnsinnig gerne. Ich fahre aber auch wahnsinnig gerne Auto. Das darf ich hier allerdings als Europäerin nicht. Dafür müsste ich erst einen chinesischen Führerschein machen. Und die Zeit hab ich leider nicht.

Mit dem kleinen Flitzer würde ich hier gerne mal 'ne Runde drehen. Der wär auch super für Köln, damit findet man immer einen Parkplatz. Und falls nicht, kann man den einfach mit hoch in die Wohnung nehmen, und im Winter taugt der prima als Gewächshaus für Tomaten.

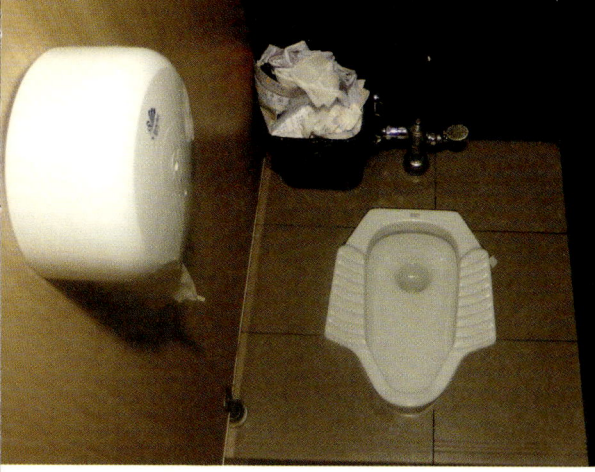

Da wär ich beinahe reingetreten. Mit so einer Toilette hab ich hier, in der Filiale einer großen amerikanischen Fastfood-Kette, die ansonsten mit der Filiale derselben Kette in Köln vorm Dom komplett identisch ist, ehrlich gesagt nicht gerechnet. Aber eigentlich keine schlechte Idee: Frau setzt sich bei öffentlichen Toiletten ja eh nicht auf die Brille. Und so trainiert man gleichzeitig Bauch, Beine, Po. Da spart man sich das Geld fürs Fitnessstudio. «I make you sexy dot Klo».

So langsam wird es dunkel, und ich schlendere weiter Richtung Hotel. Oder zumindest, was ich für Richtung Hotel halte. Die Straßen werden zusehends voller. Es scheint Ausgehzeit zu sein. Immer mehr junge Leute flanieren paarweise oder in Gruppen durch die laue Sommernacht.

Die älteren Leute sind auch unterwegs, aber weniger stylo, sondern eher sportlich-schick. Auf meinem Weg komme ich an mehreren «tanzenden Omas» vorbei. Ich muss an unseren Sketch denken und bin jedes Mal drauf und dran mitzumachen. Fitness wird hier groß geschrieben, bis ins hohe Alter.

In der Stadt habe ich auch immer wieder so kleine fest installierte Sportanlagen gesehen, die besonders von älteren Leuten gerne genutzt werden, mit Turnstangen und auch einfachen Fitnessgeräten aus bunt lackierten Stahlrohren. Wie

Spielgeräte auf einem Spielplatz – halt nur für Erwachsene. Und anders als bei uns sitzen hier dann die Kinder auf den Bänken mit der Tupper-Dose auf'm Schoss, gucken der Omi beim Turnen zu und füttern den Spatz – falls der gerade Zeit hat.

Mein Weg führt mich durch ein ziemlich lebhaftes Viertel. Ähnlich dem, durch das ich vorgestern Abend durchspaziert bin. Hier is die Hölle los. Und wieder haben die Geschäfte noch auf – ich Glückspilz.

In den Shops und an kleinen Ständen auf der Straße kann man alles ergattern, was keiner braucht, aber jeder haben will. Und immer wieder taucht zwischen blinkendem LED-Krimskrams, überraschend preiswerten Designer-Taschen und Schmuck von namhaften Herstellern ein kleines Küchengerät im Miniformat auf. Immer und immer wieder das gleiche. Mal in Weiß, mal in Rosa, mal in Blau. Auf den ersten Blick sieht dieses Gerät aus wie ein Spielzeug für eine Kinderküche. So 'ne Art Gemüsehobel zum Aufklappen. Aber warum so viele? Und immer nur der kleine Hobel? Warum nicht auch andere Kinderküchenutensilien wie Geschirr, Töpfe oder Minimixer? Ich will der Sache auf den Grund gehen und schaue mir so einen Plastikhobel mal aus der Nähe an.

Sieht aus wie ein gewöhnlicher Gemüsehobel mit einer Kunststoffschiene und einer scharfen Klinge. Halt nur sehr viel kleiner. Auf der Innenseite des aufgeklappten Deckels ist eine spiegelnde Silberfolie eingeklebt. Also ein Gemüsehobel in Taschenformat mit Spiegel.

Ich stürze mich ins bunte Treiben, und selbst die Bäume treiben's bunt.

Was hat es damit nur auf sich? Entweder spielen die Kinder hier wahnsinnig gerne Gemüsehobeln und gucken sich dabei zu, oder ... Und jetzt dämmert's mir. «Moisture. Your skin needs moisture.»

Na klar! Es gibt keine natürlichere und kostengünstigere Feuchtigkeitspflege für das Gesicht als eine frische Gurkenmaske. Und für eine Gurkenmaske braucht man Gurkenscheiben. Und um Gurkenscheiben zu schneiden, braucht man einen Gurkenhobel. Und um sich die Gurkenscheiben dann adäquat ins Gesicht zu pappen, einen Gurkenspiegel.

In der Tat handelt es sich bei diesem genialen Instrument um die Symbiose von halbautomatischer Gemüsezerkleinerungsapparatur und kosmetischem Necessaire: der Taschengurkenhobel mit Ausklappspiegel.

Öfter mal die Gurke hobeln, dann klappt's auch mit der Feuchtigkeit.

Und das Ganze für umgerechnet nicht mal einen Euro. Gei-ell! Den MUSS ich haben!

Jederzeit eine erfrischende Gurkenmaske – kinderleicht und überall! Ob zu Hause, auf der Arbeit oder im Bus. Gurke raus, ordentlich hobeln, und schon wird's feucht im Gesicht. Die Sache ist gehobelt, und der Hobel is geritzt. Da sieht man mal: Wirksame Kosmetik muss nicht immer teuer sein.

Beauty-Produkte erfreuen sich auch in China, wie überall auf der Welt, großer Beliebtheit. Und in puncto «Schönheit für schmales Geld» hält der chinesische Markt eine große Bandbreite an Produkten bereit, inklusive kostengünstiger und kreativer Alternativen zu chirurgischen Eingriffen. Und das mit beeindruckender Konsequenz und der Bereitschaft, tief in die Trickkiste zu greifen.

Für viele junge Chinesen gilt ein westlicher Look als schick und erstrebenswert. Nicht nur die Kleidung orientiert sich daran, auch das gesamte Erscheinungsbild. So wird eine möglichst helle Hautfarbe als besonders hübsch empfunden, wie ich ja schon beim Dreh feststellen konnte. Viele Chinesinnen meiden die Sonne, so gut es geht, oder benutzen gerne und ganz selbstverständlich ihren Regenschirm auch als Sonnenschirm.

Als ein weiteres Schönheitsideal gilt eine möglichst schmale, erhabene Nase. Wer sich so eine Nase wünscht, sich aber die Operation nicht leisten kann, greift zu einem weiteren Hilfsmittel aus der kosmetischen Trickkiste: der Nasenklammer. Regelmäßig über Nacht getragen wie eine Zahnspange, drückt die Nasenklammer die Nase zusammen und verspricht, diese so dauerhaft schmal zu formen. Braucht halt länger als eine OP, ist aber mit 1 Euro 35 unschlagbar günstig. Schmale Nase für schmales Geld. Da kann selbst der Schönheitschirurg hinterm Bahnhof nicht mithalten. Also, bei Stiftung Warentest wäre das eindeutig der Preis-Leistungs-Sieger.

Ähnlich arbeitet auch der Gesichtsgürtel oder wie ich ihn scherzhaft nenne: die Fressenpresse! Unter das Kinn geklemmt und um den Kopf geschnallt, soll er bei regelmäßigem Tragen eine schmalere Wangenpartie und ein längeres, spitzeres Kinn formen.

Und anstelle von Botox schwört man hier auf einen in den Mund geklemmten Gummiring, der durch Trainieren der Gesichtsmuskulatur Falten verschwinden lassen und für eine straffe, jugendliche Haut sorgen soll. Wenn man das komplette Kosmetik-Trickkisten-Rundumpaket gleichzeitig anwendet, sieht das so aus:

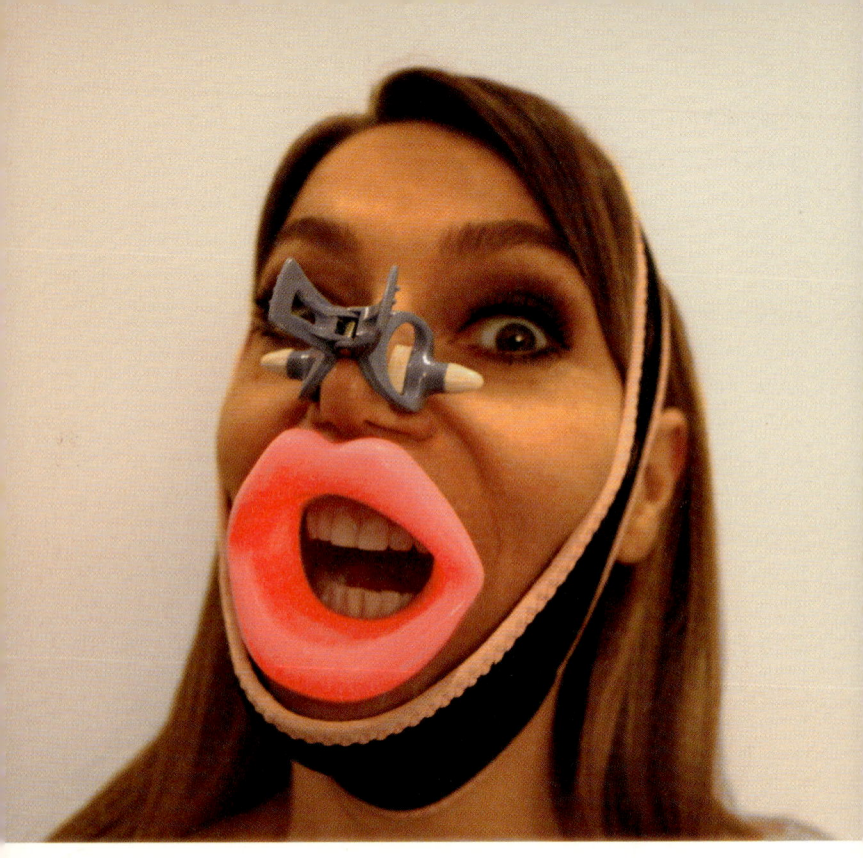

**Das nenn ich mal ein Duckface-Selfie!
Beziehungsweise ein «Hackhäich-Helchi».**

Ich finde ja, nur über Nacht getragen ist das vollkommen verschenkt! Das ist doch ein durchaus ausgehtauglicher Look. Beim Autofahren zum Beispiel – da hat man direkt den Airbag dabei. Oder zu Karneval als Gummipuppe. Sprechen ist halt schwierig. Wobei Sprechen im Karneval ja eher eine untergeordnete Rolle spielt.

«Hute Hacht!»

Was mach ich hier eigentlich?
Kaffeeklatsch mit Goethe.

Die Fressenpresse hat ganze Arbeit geleistet. Mein Kinn fühlt sich tatsächlich etwas spitzer an. Das könnte aber auch an dem Pickel liegen, der mir über Nacht darunter gewachsen ist. Und meine Nase erscheint mir auch schon deutlich schmaler. Nur der Gummiring hat seine Wirkung noch nicht so richtig entfalten können und mich dementsprechend auch nicht. Da muss ich wohl noch mal in die Bedienungsanleitung gucken.

Was mach ich denn heute eigentlich sonst noch Schönes?

Ach ja ... Heute mache ich einen Ausflug nach Wuhan.

Nach wohin?

Nach Wuhan.

Und zwar in hochoffizieller Mission, zusammen mit Goethe. Also mit dem Goethe-Institut Peking, wenn man's genau nimmt. Als klar war, dass ich nach China komme, hatten die Mitarbeiter vom Institut die nette Idee, mich zur Abschlussveranstaltung des «Deutsch-Chinesischen Sprachenjahrs» in die Studentenstadt Wuhan einzuladen.

Seitdem sich nämlich die *Knallerfrauen*-Sketche hier in den sozialen Netzwerken so verbreitet haben, haben wohl auch die Anmeldungen für Deutschkurse am Goethe-Institut deutlich zugenommen. Wie mir die Institutsmitarbeiter erzählt haben, werden die Sketche den Studenten sogar im Unterricht gezeigt. Quasi als Lehrmaterial.

Zum Glück konnte ich das damals nicht ahnen, als ich die Sketche gedreht habe. Sonst hätte ich vermutlich versucht, pädagogisch wertvoller rüberzukommen. So mit Brille und

Pullunder – statt mit Minirock und Stöckelschuhen. Und ich hätte wahrscheinlich auch nicht direkt im ersten Sketch das Kind vom Fahrradsitz ... aber egal. Ich sag mal so, für den Deutschunterricht gehen die Sketche grad noch durch – für den Unterricht in Erziehungswissenschaften ... fänd ich's bedenklich.

Dass ich überhaupt mal in irgendeiner Form einen sinnvollen Beitrag zum Deutschunterricht leisten würde, hätte sich meine Deutschlehrerin Frau Neumann zu Schulzeiten sicher auch nicht träumen lassen. Dabei war ich immer diejenige, die sich am meisten gefreut hat, wenn der Fernseher mit dem VHS-Rekorder reingerollt wurde. Da konnt ich kleine Nachteule nämlich in aller Ruhe ein bisschen Schlaf nachholen. So schließt sich der Kreis.

Na dann – auf nach Wuhan!

Wuhan ist eine für chinesische Verhältnisse eher mittelgroße 5-Millionen-Einwohner-Stadt, ziemlich genau in der Mitte von China und ungefähr 1000 km von Peking entfernt. Ich habe die Wahl, dorthin entweder das Flugzeug oder den Zug zu nehmen. Zeitlich kommt's ungefähr aufs selbe raus, heißt es.

Wie kann das sein, werden Sie sich fragen. Nun, das habe ich mich auch gefragt. Das liegt nicht etwa daran, dass das Flugzeug wahnsinnig langsam fliegt, sondern daran, dass der Zug einfach wahnsinnig schnell fährt. Die Strecke Peking–Hongkong gilt als die längste und schnellste Hochgeschwindigkeitsstrecke of the whole fucking world. Dagegen kommt unser deutscher ICE gefühlt wie ein Treppenlift um die Ecke. Wenn er denn überhaupt kommt.

Wir erinnern uns: Der Chinese backt nicht nur keine kleinen Brötchen – er backt auch keine langsamen Brötchen. Deswegen backt er auch nur ganz ungern Streuselschnecken. Sie verstehen, wegen Schnecke – das langsame Tier. Wenn überhaupt, dann backt der Chinese vermutlich Streuselsträuße. Weil, der Strauß, der ist ja wahnsinnig schnell. Am schnellsten ist übrigens der Fleurop-Strauß. Wenn ich da zum Beispiel einen aus Köln losschicke, ist der – wenn ich will – noch am selben Tag bei meiner Tante in Australien. Die ist erleuchtet und so 'ne Art Guru. Tante Käng. Die kennt da jeder.

Ist eigentlich mittlerweile irgendwo der Faden aufgetaucht? So 'n kleiner roter? Ich bräuchte den so langsam mal wieder.

Ich entscheide mich naTÜRlich für den Zug! Begleitet werde ich diesmal von Zhao Juan, einer sehr netten Mitarbeiterin vom Goethe-Institut, was sich direkt zu Beginn des Ausfluges als Gold wert erweist. Denn offensichtlich stimmt irgendwas mit meiner Fahrkarte nicht.

Das Problem: Mein Vor- und Nachname stehen auf dem Ticket andersrum drauf als in meinem Reisepass. Man kommt hier, was das angeht, aber auch ganz leicht durcheinander. In China wird nämlich in der Regel zuerst der Familienname und dann der Vorname genannt. Und wenn man das richtig machen will und im Vorfeld berücksichtigt und wie hier üblich umdreht, muss man immer auch damit rechnen, dass derjenige auf chinesischer Seite davon ausgeht, dass man das eben nicht berücksichtigt hat, weil man es nicht weiß, und den Namen deshalb wieder zurückdreht. Ganz schön verdreht.

Blöderweise kann man sich da aber auch nicht drauf verlassen. Mal passiert das und mal nicht. Der eine dreht, der andere nicht. Namenschaos vorprogrammiert. Es sei denn, man heißt Madonna oder Otto.

Zhao Juan muss eine geschlagene Stunde am Schalter diskutieren, um dann letzten Endes ein neues Ticket zu kaufen, weil unser Zug sich unterdessen ohne uns Richtung Hongkong auf den Weg gemacht hat.

Tsch tsch tsch tsch tsch tsch tschühüüüsssss.

Hilft ja nichts, dann nehmen wir halt den nächsten. Wir setzen uns in die Wartehalle und trinken einen Kaffee.

Die Fahrt vergeht schließlich wie im Flug. Und es gibt sogar was zu essen. Was wäre denn Ihrer Meinung nach so das denkbar Ungünstigste, was man in einem geschlossenen Zugabteil, in dem sich die Fenster nicht öffnen lassen, als einzige Speise auftischen könnte? Abgesehen von Zwiebelmett und Eibrötchen. Na? Was meinen Sie?

Richtig: weiße Bohnen mit Knoblauch – oder vielmehr umgekehrt – und dazu lauwarmer Schmorkohl. Lecker!

Zum Glück habe ich meinen Mundschutz dabei. Eigentlich soll der bei Smog zum Einsatz kommen oder falls man mal erkältet ist und keinen anstecken will. Aber in diesem Fall fungiert er auch super als Aromaschutzmaske. Zum einen werden so die Gase aus der Umgebungsluft des Abteils gefiltert, zum anderen sorgt der Schutz aber vor allem dafür, dass die wertvollen Knoblauchdämpfe aus meiner eigenen Atemluft nicht verlorengehen, sondern mir in ihrer ganzen wunderbaren, aromatischen Intensität erhalten bleiben. Da haben selbst die Studenten in Wuhan gleich noch was von. Und auch für die Rückfahrt muss ich auf meine Knofifahhnehhhh nicht verzichten. Und da melden sich ja dann auch noch die Böhnchen zu Wort, nicht wahr?!

Mit 400 Sachen und wehender Knofifahne ab in den Süden ...
«Jemand ein Khhhühhhsss-chhhiän?»

Da simma. Oh, ganz schön neblig hier in Wuhan.

Also wohin in Wuhan? Ich bin spät dran – in Wuhan.

Gerne würde ich ein bisschen mehr von Wuhan sehen, der Stadt am Jangtsekiang, dem längsten Fluss Asiens und dem drittlängsten der Welt. Aber viel weiter als bis zur anderen Straßenseite kann ich kaum gucken, es ist einfach zu diesig. Zumal ich mich auch echt ranhalten muss, um noch rechtzeitig bei der Veranstaltung aufzuschlagen.

Schreib ich jetzt Martina Hill oder Hill Martina? Ich bin verwirrt. «Jemand 'n Khhhühhhsss-chhhiän?»

Zum Glück kommen wir super durch, und der Institutsleiter Peter Anders nimmt mich herzlich in Empfang und führt mich in ein süßes kleines wunderhübsches Törtchen-Café, das sich direkt hinter der Open-Air-Bühne befindet, auf der die Feier bereits in vollem Gange ist. Herr Anders stellt mir noch schnell das Team vom Goethe-Institut vor, aber viel Zeit zum Plaudern bleibt uns leider nicht, weil ich laut Ablaufplan eigentlich schon auf der Bühne sein muss, um bei einer Podiumsdiskus-

sion den chinesischen Deutschstudenten Rede und Antwort zu stehen.

Mir fällt's ja immer noch schwer, zu glauben, dass es hier mitten in China wirklich Leute gibt, die mich kennen. Ich mein, ich kenn hier doch auch keinen.

Ich bekomme ein Mikrophon in die Hand gedrückt und werde auf die Bühne geführt.

«Nihao! Ich bin die Martina aus Köln, 29 Jahre alt und habe euch von Céline Dion ‹My heart will go on› vorbereitet und von Wolfgang Petry ‹Wahnsinn›. Ich fang dann mal an!»

Entschuldigung, das passiert mir in letzter Zeit immer öfter, wenn ich ein Mikrophon in die Hand bekomme. Ich glaub, ich hab DSDS. Damit sollte ich dringend mal zu Dr. Plemplem.

Aber zum Glück muss ich ja gar nicht singen, sondern werde von den Studenten im Publikum zu allen möglichen Dingen befragt. Viele der Studenten haben ihre Fragen auf Deutsch vorbereitet und tragen sie ganz stolz vor. Meistens geht es um Gemeinsamkeiten im chinesischen und deutschen Humor, was ich persönlich lustig finde, wie ich China finde und wie ich mein Gewicht halte. Die Stimmung ist super, und nach der netten Gesprächsrunde werde ich noch um ein paar Autogramme gebeten.

Leider muss ich dann auch schon bald wieder los zum Bahnhof. Aber nicht, ohne mir vorher noch einen kleinen Blaubeermuffin aus dem Törtchen-Café zu gönnen.

Hmmmm! ... Hmmmm? Oh. Offensichtlich habe ich mich vergriffen und ein Knoblauchmuffin erwischt. Muff! Muff!

Was für ein abgefahrener Tag! Hochgeschwind abgefahren!

Bis dann, Wuhan! Heute ist nicht alle Tage, ich komm wieder, keine Frahhhghhheehh.

Auf der Rückfahrt gibt es übrigens Suppe. Natürlich nicht ohne Knoblauch. Und Chili. Und scharf. Hier kommt Speedi-Chili-Knofi-Hilli!

Heute Nacht habe ich von Knoblauch geträumt. Ich war eine Knolle auf Reisen. Und um mich herum waren außer mir nur Rucksack-Bohnen unterwegs. Es hat geknattert im Waggon! Da wurd ich natürlich stinkig. Ich hab mich dann zum Schluss noch mit 'ner Bohne geprügelt. Die hat mich dumm von der Seite angepupt. Ich hab nämlich mal «Tae-Kwon-Po» gemacht – das bedeutet «der Weg der Faust und des Furzes».

Das hat die Bohne aber nicht die Bohne interessiert.

Was mach ich hier eigentlich? Heute erobere ich die Chinesische Mauer.

Wenn ich als Berlinerin «Mauer» höre, denke ich natürlich als Erstes an die *Berliner Mauer* und an den Mauerfall. An Hasselhoff, an Freistunde und Trabbischütteln.

Wenn man allerdings «Chinesische Mauer» googelt, landet man entweder beim längsten Bauwerk der Welt oder auf der Homepage von einem Chinarestaurant in Leverkusen. Da war ich allerdings noch nie – also in dem Restaurant in Leverkusen.

Als feststand, dass ich nach Peking fliege, hab ich sofort nachgeschaut, wie weit die Chinesische Mauer von meinem Hotel entfernt ist. Weil – wenn ich schon mal in China bin, muss ich die auch sehen. Unbedingt!

Und jetzt raten Sie mal, worauf ich hier gerade stolz wie Bolle rumhüpfe.

Ich kann es gar nicht glauben. Kennen Sie das? Wenn man den Moment ganz bewusst wahrnehmen will und versucht, auch ja alles aufzusaugen, was einen umgibt, weil es einfach unfassbar unglaublich unwirklich scheint, dass man wirklich da ist, wo man ist. Und wie könnte man so einen einmaligen Augenblick für sich noch wertvoller machen? Ganz einfach! Indem man alle Bekannten und Verwandten anruft, die grad NICHT hier sind. Ich fange bei meinem Bruder an:

«Stefan, Stefan, Stefan! Rate mal, wo ich gerade stehe.»

«Auf der Chinesischen Mauer?»

«... jaaaaaaaa!»

«Mamaaaaa! Rate mal, wo ich grad bin.»

«Na, in China!»

«Ja, aber wo genau?»

«Auf der Chinesischen Mauer?»

«Woher ... jaaaaaaaaaaa!»

Momente, die man nie vergisst. Am liebsten würde ich jetzt auch noch meine Kindergärtnerin Frau Schnelle anrufen und ihr sagen, sie soll die Kinder doch bitte in Ruhe buddeln lassen. Es lohnt sich!

Das muss man sich mal vorstellen – die Chinesische Mauer bzw. die Große Mauer, wie der Chinese sagt, erstreckt sich laut Wikipedia über insgesamt zirka 21 196,18 Kilometer. Das ist weiter als die Strecke von Köln nach Peking und zurück oder 26-mal die Strecke Hamburg–München mit dem Auto. Unfassbar. Wenn man die gesamte Mauer ablaufen würde, ohne Pipi-Pause, Tag und

Der verwendete Mörtel bestand zum Teil aus gebranntem Kalk und Klebreis. Quasi so 'ne Art «Beton-Sushi».

Nacht, wäre man so übern Daumen gepeilt neuneinhalb Jahre unterwegs.

Ein chinesisches Sprichwort sagt: «Wer in seinem Leben nicht einmal an der Großen Mauer war, ist kein ganzer Kerl.» Wie sich das mit Frauen verhält, die nicht an der Mauer waren, stand da jetzt nicht. Aber ich vermute, dass Frauen, die in ihrem Leben nicht an der Großen Mauer waren, dann einfach auch kein ganzer Kerl sind. So wird's sein.

Auf meinem Yogi-Teebeutel stand neulich auch: «Wenn deine Fenster schmutzig sind, brauchst du keine Gardinen.» Da is was dran. Und letztens hatt' ich 'n Zettel unterm Scheibenwischer klemmen. Da stand drauf: «Ordnungsamt der Stadt Köln». Hat mein Leben nicht wirklich bereichert.

Die Chinesische Mauer wird im Jahr von rund zehn Millionen Menschen besucht. Und damit nicht jeder einfach so überall drauf rumkritzelt, hat man in einigen der Wachhäuschen – da, wo die Dame mit dem türkisblauen Schirm auf dem Foto drauf zusteuert – Stoffwände angebracht, auf denen man sich dann verewigen darf.

Der erste Kaiser von China – und die Terrakotta-Armee.

Man munkelt, und das munkel ich auch, dass an der Großen Mauer schon vor über 2600 Jahren gebuddelt und gebaut wurde. Im 3. Jahrhundert vor Christus ließ dann der erste Kaiser von China – Qín Shǐhuángdì – die einzelnen bis dahin gebauten Mauerstücke verbinden und zu einer durchgehenden Großen Mauer ausbauen.

Große Bauprojekte waren nämlich sein Hobby. Wo andere Paybackpunkte sammeln oder iPad-Hüllen häkeln, ließ er sich unter anderem die bis heute größte Grabstätte der Welt bauen. Den Bau dazu hatte der Kaiser bereits im zarten Alter von dreizehn Jahren angeordnet, so groß war seine Angst vor dem Tod.

Dabei hatte er bis zum Schluss gehofft, unsterblich zu sein. Seine Gegner hatte er ja schließlich auch alle besiegt, warum also nicht auch den Tod? Leuchtet erst mal ein, entlarvt sich aber auf den zweiten Blick als nicht wirklich eins zu eins übertragbar.

Um Unsterblichkeit zu erlangen, ließ er sich von Schamanen und Alchimisten beraten, die ihm empfahlen, es doch mal mit Quecksilber zu versuchen:

«Hallo, Herr Kaiser! Hier. Täglich ein Fieberthermometer essen, und Sie haben nie wieder Fieber.»

«Echt? Fieberthermometer helfen gegen Fieber?»

«Klar. Hustenbonbons helfen ja auch gegen Husten. Dann wird ja wohl ein Fieberthermometer ... der Nächste bitte!»

Aus heutiger Sicht wissen wir natürlich, dass die Einnahme von Quecksilber beim Projekt Unsterblichkeit eher kontraproduktiv ist.

Auf jeden Fall hatte der paranoide Despot höllische Todesangst und wollte nur für den Fall der Fälle, also falls er doch ins mongolische Steppengras beißen sollte, gewappnet sein. Er hatte die so aberwitzige wie auch größenwahnsinnige Idee, sich im Totenreich von einer eigenen Armee beschützen zu lassen. Eine Armee, bestehend aus achttausend lebensgroßen Tonsoldaten. Die berühmte *Terrakotta-Armee*. Nicht zu verwechseln mit der *Pannacotta-Armee*. Die geht nur auf die Hüften. Oder der *Terrakotta-Wisch-Schwamm-Technik-Armee*. Die ist nämlich längst ausgestorben und schlecht für die Augen.

Wie gesagt, Quecksilber ist nicht Sanostol, und es kam, wie es kommen musste. Der Tod erwischte den Kaiser blöderweise mitten auf einer Reise durchs Reich. Um die Nachricht seines Todes noch bis zur Beerdigung und Klärung der Nachfolge geheim zu halten, ließ man vor und hinter seiner Sänfte einfach Fischkarren fahren, um so den Verwesungsgeruch zu überdecken. Pfiffiges Ablenkungsmanöver, wenn man bedenkt, dass Lord Stinki so noch ganze zwei Monate on the road war ... puuuuuh.

Übrigens auch keine schlechte Idee, wenn das Deo mal versagt. Einfach eine alte Makrele unter die Achsel klemmen!

Damit das Geheimnis seiner Grabstätte und der Terrakotta-Armee bis in alle Ewigkeit gewahrt werden würde, wurde neben dem Kaiser und den achttausend Tonsoldaten sicherheitshalber auch gleich noch der Rest der siebenhunderttausend Zwangsarbeiter, die seit dreißig Jahren daran bauen mussten, mit begraben. Ungeachtet der Tatsache, dass sich die meisten von ihnen zu diesem Zeitpunkt bester Gesundheit erfreuten. Sicher ist sicher. Da war man damals nicht zimperlich, *Game of Thrones* is 'n Kindergeburtstag dagegen.

Tatsächlich sind das kaiserliche Grab und die Terrakotta-

Armee daraufhin für die nächsten zweitausend Jahre im Verborgenen geblieben. Niemand wusste, wo sie sich befanden, dabei standen sie unberührt in Reih und Glied die ganze Zeit nur ein paar Meter unter der Erde. Bis eines Tages der Bauer Yang im Frühjahr 1974 zufällig beim Buddeln auf die Schulter eines der Terrakotta-Krieger stieß.

Heute ist gerade mal ein Viertel der Grabanlage mit ihren stummen Wächtern und sogar ganzen Streitwagen samt vorgespannten Pferden ausgegraben und restauriert worden und

So ungefähr müssen Sie sich die Terrakotta-Armee vorstellen. Beeindruckend, oder? Da krieg ich Gänsehaut. Wenn ich das nächste Mal in China bin, guck ich mir die auf jeden Fall in echt an.

in der Nähe von Xian (ungefähr 500 km südöstlich von Peking) zu bestaunen. Ein absolutes «Must-see», wenn man schon mal in China ist. Ich schaff's leider nicht – obwohl ich schon mal in China bin. Schau ich mir beim nächsten Mal an, die läuft ja nicht weg, gell?

Aber damit Sie sich und auch ich mir ein Bild davon machen kann, wie beeindruckend und ehrfurchteinflößend diese Tonkriegerarmee aussieht, habe ich Ihnen das mal zur Veranschaulichung mit Schokoladen-Weiner-Männern nachgestellt.

Hüpf-Fotos sind ja eigentlich nicht so meins, aber hier ... *on the Great Wall – come on!*

So, genug gehüpft. Jetzt bin ich so erschöpft, dass ich keine Kraft mehr habe, den ganzen Weg von der Mauer wieder runter zum Parkplatz zu laufen. Mir stehen drei Fortbewegungsmöglichkeiten zur Auswahl: zu Fuß, mit der Seilbahn oder … mit der Rutsche. Mit der Rutsche? Wie geil is das denn?

Wok-WM in China: «Platz da, jetzt komme ich!» Von der Chinesischen Mauer runter bis zum Parkplatz. Die etwas dürftige Qualität des Bildes ist der atemberaubenden Geschwindigkeit geschuldet.

Mit der Seilbahn hoch und mit der Rutsche runter. Er hat beides noch vor sich. Oder hinter sich. Man weiß es nicht.

Was mach ich hier eigentlich?
Mich schweren Herzens auf den
Rückweg.

Morgen geht's schon wieder zurück nach Deutschland. Leider reicht die Rutsche nicht bis nach Köln. Warum eigentlich nicht? Einfach durchrutschen, so wie beim Abi.

Vom Prinzip her ähnlich, wie ich mir das auch schon im Kindergarten vorgestellt hatte. Einfach durch die Erde durch. Das wär jetzt nicht nur lustig, sondern auch ziemlich praktisch und würde mir vor allem den Rückflug ersparen. Da hab ich jetzt Bock drauf wie ein Chinese auf Hupverbot oder die Pekingente aufs Abendessen.

Ich würde so gerne noch ein paar Tage bleiben! Es gibt noch so viel zu sehen. Und ich hab mich doch gerade erst vom Hinflug erholt ... und vom Jetlag ...

Aber das Leben ist schließlich kein Rentnertanz. Wobei ... hier in Peking abends ja schon.

Die Zeit ging viel zu schnell um und mit ihr die bisher spektakulärste Reise meines Lebens. Hätte ich vorher gewusst, was mich erwartet, hätte ich für die Entscheidung bestimmt keine zwei Jahre gebraucht.

Ich bin dankbar für die Erfahrung, die vielen Eindrücke, unvergleichlichen Erlebnisse und Begegnungen. Und ich hab hier in der kurzen Zeit eine ganze Menge gelernt:

«Uou chijenn tsä tschinn tsä u fä schio schi sche tschiä ne!» bedeutet manchmal in etwa das Gleiche wie «Hau ba ueh lai le». Eine grüne Ampel hingegen bedeutet erst mal gar nichts.

Man kann alles essen, was sich nicht mit vernünftigen Argumenten zu wehren weiß, und «rattenscharf» kann «sowohl als auch» bedeuten. Obacht bei Hobbits, die kannst du nicht ernst nehmen, und ich hab gelernt, dass man manchmal eine dicke Gummilippe riskieren muss, um faltenfrei davonzukommen.

Und zu alldem hab ich, neben dem Bademantel und den Latschen aus dem Hotelzimmer, auch noch ein Stück von der sprichwörtlichen chinesischen Gelassenheit mitgenommen:

«Man meistert sein Leben lächelnd oder überhaupt nicht!»

Also, wenn Sie das nächste Mal in Ihrem Leben an so 'n Punkt kommen, an dem Sie kurz innehalten, sich umgucken und sich einfach nur fragen:

«Was mach ich hier eigentlich?»

Dann machen Sie's wie ich. Ziehen Sie sich 'ne Strumpfhose über den Kopf, tanzen Sie mit ein paar Rentnern eine Szene aus der Pekingoper nach, hobeln Sie sich dabei 'ne Gurke, und dann gucken Sie mal, was passiert ...

Und selbst wenn Ihnen das keine Antwort auf die Frage gibt, sind Sie zumindest schon mal fast abgeschminkt, haben sich sportlich betätigt und jede Menge Gurkenscheiben für eine erfrischende Gesichtsmaske oder einen leckeren Salat. Das bleibt Ihnen überlassen. Für all das viel Glück und vor allem Spaß.

Ihre   *Martina Hill*
oder
Hill Martina

Ich bin immer noch verwirrt ... was mach ich hier eigentlich?

DA! Ach guck an, da isser ja wieder, der rote Faden. Jetzt is auch zu spät.

Hier möchte sich noch jemand von Ihnen verabschieden. Unser Inge:

«Tschühüüüs und auf Wiedersehen in China!»

So 'ne Art Abspann.

Ich wollte mich noch bei ein paar Leuten bedanken, bevor gleich die Lichter ausgehen, und zwar bei:

Peter Anders, Katja Burkard, dem «Dior's Man»-Team, Elmar Freels, Johann Wolfgang von Goethe und seinem Institut in Peking, Dagmar Harms, Hannes Hiller, Georg Hirschberg, Zhao Juan, Daniela Katzenberger, Heidi Klum, dem *Knallerfrauen*-Team, Renate Künast, Oliver Müller, meiner Mutter, Frau Neumann, Da Peng, Frau Schnelle, tv.sohu.com, TAKE OFF in Fehrbellin (Maggi und Marcus), Ma Tau, Jin Tianxing, Julia Vitt, Jennifer Winkler, Dr. Zan Yan (unser Inge), Charles Zhang. Und natürlich allen *Knallerfrauen*-Fans, in diesem Fall ganz besonders den chinesischen.

Ach ja, und dem Weiner-Mann – NICHT!

Bildnachweis

Alle Bilder Copyright © by Hill / Musienko, außer Seite 66/67, 68/69, 89, 118/119, 121, 122/123 Copyright © by tv.sohu.com.